Sprechen Sie für sich

EBOOK INSIDE

Die Zugangsinformationen zum eBook inside finden Sie am Ende des Buchs.

Monika Radecki

Sprechen Sie für sich

Authentisches und wirksames Selbstmarketing

Monika Radecki
Monika Radecki Kommunikationsberatung
Heidelberg, Deutschland

ISBN 978-3-662-54638-3   ISBN 978-3-662-54639-0 (eBook)
https://doi.org/10.1007/978-3-662-54639-0

Die Deutsche Nationalbibliothek verzeichnet diese Publikation in der Deutschen Nationalbibliografie; detaillierte bibliografische Daten sind im Internet über http://dnb.d-nb.de abrufbar.

© Springer-Verlag GmbH Deutschland 2017
Das Werk einschließlich aller seiner Teile ist urheberrechtlich geschützt. Jede Verwertung, die nicht ausdrücklich vom Urheberrechtsgesetz zugelassen ist, bedarf der vorherigen Zustimmung des Verlags. Das gilt insbesondere für Vervielfältigungen, Bearbeitungen, Übersetzungen, Mikroverfilmungen und die Einspeicherung und Verarbeitung in elektronischen Systemen.
Die Wiedergabe von Gebrauchsnamen, Handelsnamen, Warenbezeichnungen usw. in diesem Werk berechtigt auch ohne besondere Kennzeichnung nicht zu der Annahme, dass solche Namen im Sinne der Warenzeichen- und Markenschutz-Gesetzgebung als frei zu betrachten wären und daher von jedermann benutzt werden dürften.
Der Verlag, die Autoren und die Herausgeber gehen davon aus, dass die Angaben und Informationen in diesem Werk zum Zeitpunkt der Veröffentlichung vollständig und korrekt sind. Weder der Verlag noch die Autoren oder die Herausgeber übernehmen, ausdrücklich oder implizit, Gewähr für den Inhalt des Werkes, etwaige Fehler oder Äußerungen. Der Verlag bleibt im Hinblick auf geografische Zuordnungen und Gebietsbezeichnungen in veröffentlichten Karten und Institutionsadressen neutral.

Umschlaggestaltung: deblik Berlin
Einbandabbildung: © yuthana Choradet / stock.adobe.com

Gedruckt auf säurefreiem und chlorfrei gebleichtem Papier

Springer ist Teil von Springer Nature
Die eingetragene Gesellschaft ist Springer-Verlag GmbH Deutschland
Die Anschrift der Gesellschaft ist: Heidelberger Platz 3, 14197 Berlin, Germany

Vorwort

Marketing in eigener Sache – das ist ein Thema, das sensible Punkte berührt: Wer sind wir in unserer Funktion und als Fach- und Führungskraft? Was sind wir „wert"? Und welchen Nutzen hat das für unser Gegenüber? Für welchen Bereich möchten wir Verantwortung übernehmen, für welchen können oder wollen wir das nicht? Wie können wir das nach außen klarstellen?

„Tue Gutes und rede darüber" ist eine alte Weisheit, die Sie konkret auf Ihren Berufsalltag anwenden können. Sie haben eine Vision, können führen und sich im Allgemeinen gut durchsetzen – eigentlich sollten über Ihre Arbeit auch Ihre Qualitäten und Ihre Leistung für Team, Kollegen und Vorgesetzte erkennbar sein. Aber vielleicht haben Sie auch schon etwas erlebt wie dieses: Eine Kollegin, die eine vergleichbare Leistung erbringt wie Sie, eine ähnlich große Abteilung leitet und mit ihrem Team innovative Ideen entwickelt, trumpft scheinbar mühelos neben Ihnen auf. Sie bekommt ein interessantes, gut budgetiertes Zusatzprojekt übertragen; ihr Team spricht ihr in einer Mitarbeiterbefragung seine Loyalität aus. Was macht sie anders? Möglicherweise beherrscht sie sowohl Selbstmanagement wie auch Selbstmarketing und hat andere so von ihrem Profil und ihrer Wirksamkeit wissen lassen, dass diese sie jetzt wahrnehmen und unterstützen.

Werbung in eigener Sache ist ein weites Feld. Es beleuchtet neben Verhaltensgewohnheiten und strukturellen Möglichkeiten auch innere Diskussionen („Ich will mich nicht verkaufen müssen", „Blender sind für mich keine Vorbilder" …). Dieses Buch zeichnet für das weite Feld eine Landkarte: Mit ihr können Sie Ideen entwickeln. Dazu mag ein Modell hilfreich sein, nach dem das Produktmarketing arbeitet; Sie können es sich metaphorisch aneignen und sich z. B. fragen, welches „Produkt" Sie wem mit welchen Kernbotschaften anbieten und welchen Nutzen Ihr Gegenüber daraus zieht.

Dabei sind mehrere Schritte erforderlich, die wir im Folgenden durch Übungen kapitelweise gehen, mit denen wir uns selbst erforschen und weitere Konsequenzen ableiten können. Ein kurzer Überblick über die Highlights dieser Wanderung:
- Finden Sie den Aspekt, den Sie aktuell mehr präsentieren möchten: Ihr Profil, die Teamleistung, ein übergeordnetes Ziel?
- Stellen Sie Öffentlichkeit in eigener Sache her: Bringen Sie immer wieder ins Gespräch, was an Ihnen und Ihrer Leistung besonders ist und wofür Sie stehen.

- Beschränken Sie sich auf verständliche Botschaften.
- Erkennen und nutzen Sie geeignete Momente für Ihr Selbstmarketing.
- Streben Sie eine Kommunikation an, die den Nutzen der oder des anderen berücksichtigt und auf Austausch ausgerichtet ist.
- Stellen Sie geeignete Kontakte her, und pflegen Sie diese.

Das Thema bringt ein Aber mit sich: Wer durch Expertise und/oder Leitungsfunktion im großen Spiel mitspielt, über den wird natürlich auch geredet. Es gibt dann Leute, die die Eigenpräsentation und die gezeigten Anliegen als normal und selbstverständlich ansehen, andere, die sie anerkennen, wieder andere, die sie neiden oder nicht teilen, vielleicht sogar einige, die ihnen Widerstand entgegensetzen. Das kann zu Vorbehalten, zu Scheu, zu Schutzbedürfnis führen – und auch von dem günstigen Umgang mit diesen Aspekten wird auf den folgenden Seiten die Rede sein.

Dieses Buch ist das Ergebnis vieler Workshops, die ich zu diesem Thema durchgeführt habe; auch in Coachings mit leitenden Führungskräften ist das Thema regelmäßig gefragt. Ich möchte dazu beitragen, dass Menschen ihre Potenziale erkennen und entfalten, orientiert am jeweiligen Kontext, an den gerade zur Verfügung stehenden Kompetenzen und unter wohlwollender Berücksichtigung aktueller innerer Widersprüche. Im direkten Kontakt kann ich auf Fragen, konkrete Fälle, Formulierungssuche eingehen. Als Autorin muss ich mir mein Gegenüber vorstellen und die Bedürfnisse und Fragestellungen meiner Leserin und meines Lesers antizipieren. Sollten Sie Fragen und/oder Anregungen zu diesem Buch haben, schreiben Sie mir. Ihr Feedback ist willkommen.

Wie Sie dieses Buch lesen können

Sie können das Ganze einfach auf sich wirken lassen. Optisch hervorgehoben finden Sie Beispiele aus der Praxis und Einladungen zum Nachdenken und Ausprobieren. Zugegeben: Wer tiefer in das Thema einsteigt, könnte über einige Begriffe stolpern. Ich erlebe Worte als Wirklichkeitskonstruktionen – in bestimmten Kontexten entfalten sie ihre Wirkung und kommen auf den Punkt, in anderen sind sie nicht anschlussfähig. Da Sie im Verlauf des Buches immer wieder eigene Botschaften formulieren und ausprobieren können, möchte ich an dieser Stelle schon einladen: Finden Sie Ihre eigenen Worte; beachten Sie unwillkürliche Reaktionen auf Inhalte oder eigene Assoziationen, und erlauben Sie sich, das geschriebene Wort auch mal großzügig stehen zu lassen und als Anlass für eigene Gedanken und Schlüsse zu nehmen,

Abschließend noch ein sprachlicher Hinweis: Aus Gründen der besseren Lesbarkeit verwende ich in diesem Buch bei allgemeineren Überlegungen häufig das generische Maskulinum. Dies impliziert immer beide Formen, schließt also die weibliche Form ausdrücklich mit ein.

Dank

Mein herzlicher Dank geht an erster Stelle an die Coachees, Workshop-Teilnehmerinnen und -Teilnehmer, die dem Thema und mir Interesse und Vertrauen entgegengebracht haben. Bedanken möchte ich mich auch für die wertvolle Unterstützung der Probeleser und Fallgeber Albert Hutzl, Dr. Dipl.-Psych. Axel Riegert, Brigitte Bürger (Seminare & Coaching, www.brigitte-buerger.de), Dr. phil. Christine Lerche, Dipl.-Psych. Doerthe Fröhlich (Personalauswahl, Personalentwicklung, Organisationsentwicklung, www.coaching-froehlich.de), Frank Scheele (Steuerberatungsgesellschaft), Dipl.-Psych. Jacobine Torrilhon (Coaching & Beratung, www.torrilhon.de), Mareike Lenz (B. Sc. Economics & Law), Markus Fricker (FrickerSoftSkills, www.fricker.biz), Sabine Rahn (www.sabine-rahn.de), Selina Hutzl (M. Sc. Molekulare Biotechnologie), Dr. Ulrich Wiek (Experte für wertvolle Kommunikation und Führung, www.ulrichwiek.de), Vera Starker (Coaching, Organisationsberatung, www.starker-coaching.com); bei Joachim Coch, der sich im Verlag für die Idee zu diesem Buch begeisterte und sein Entstehen motivierend begleitete; bei Judith Danziger für das umsichtige, wohlwollende Projektmanagement; bei Dörte Fuchs für das kluge, kundige Lektorat.

Monika Radecki
Heidelberg, im Juni 2017

Über die Autorin

Monika Radecki (www.monika-radecki.de) ist Kommunikationsberaterin in den Bereichen Selbstmanagement, Führung und Team; ihre Schwerpunkte sind u. a. Professional Coaching, Kompetenzaktivierung, Teamentwicklung ... und natürlich Selbstmarketing, das Thema dieses Buches. Sie begleitet Einzelpersonen, Teams und Gruppen als Trainerin, Coach und Autorin und ist vorwiegend im Rhein-Neckar-Kreis (Raum Heidelberg, Mannheim, Ludwigshafen) tätig.

Inhaltsverzeichnis

1	**Selbstmarketing – was es bringt**	1
	Monika Radecki	
1.1	Starten Sie bei sich selbst	2
1.2	Bleiben Sie authentisch	3
1.3	Ihre Arbeit, Ihre Leistung, Ihre Grenzen	3
1.4	Typsache? Vorbehalte wohlwollend berücksichtigen	4
1.5	Das Wofür: Werte, Visionen, Zukunftsentwürfe	5
	Literatur	9
2	**Wie machen es Marketingprofis, und was kann ich davon übernehmen?**	11
	Monika Radecki	
2.1	Werbung in eigener Sache? Warum sich der Einsatz lohnt	12
2.2	Trommeln lernen: Aufmerksamkeit erzeugen	14
2.3	Wertschätzend am Gegenüber orientiert	15
2.4	Ja, aber: Widersprüchen Platz einräumen	16
2.5	Selbstmarketing: Alle Seiten und Kompetenzen nutzen	18
	Literatur	19
3	**Werbung in eigener Sache: Profil zeigen**	21
	Monika Radecki	
3.1	Stärken-Schwächen-Analyse: Das zeichnet Sie aus	22
3.2	Fallstricke beachten: Übertreibung, fremdbestimmte Ziele, ungünstige Vergleiche	27
3.3	Das Ziel bestimmen und an den übergeordneten Werten orientieren	28
3.4	Sichtbar werden und über die eigene Leistung sprechen	35
	Literatur	41
4	**Entwickeln Sie eine effiziente Strategie, sparen Sie Energie**	43
	Monika Radecki	
4.1	Was möchten Sie erreichen, was tun Sie dafür, und welche Auswirkungen hat das?	45
4.2	Strategien für den Alltag	46
	Literatur	52

5 Professionell und wertschätzend kommunizieren ... 53
Monika Radecki
5.1 Kommunikationswege und -medien ... 55
5.2 Welcher Weg für welchen Anlass? ... 59
Literatur ... 64

6 Ihre Kunden, Partner, Kollegen, Mitarbeiter: Prioritäten setzen ... 67
Monika Radecki
6.1 Zielgruppen identifizieren: Mit wem wollen Sie, mit wem müssen Sie? ... 70
6.2 Prioritäten analysieren: Bedeutung definieren ... 71
6.3 An der Haltung arbeiten: Eine Gesprächssituation mental vorbereiten ... 73
6.4 Profi in eigener Sache ... 76
Literatur ... 78

7 Selbstmarketing als Ressource in Konflikten und Verhandlungen ... 79
Monika Radecki
7.1 Konfliktmanagement ... 80
7.2 Verhandlungsführung ... 84
7.3 Das Ergebnis gestalten – orientiert an eigenen Zielen und Werten ... 88
Literatur ... 89

8 Und wenn alles doch ganz anders ist? ... 91
Monika Radecki
8.1 Was wäre, wenn wir manche Grenze akzeptierten, wie sie ist? ... 92
8.2 Was wäre, wenn Selbstmarketing in manchen Strukturen verschwendete Energie wäre? ... 92
8.3 Und wenn es noch um etwas ganz anderes geht, für das man gerade kein Konzept findet? ... 93

9 Ihr Nutzen, zusammengefasst ... 95
Monika Radecki

Selbstmarketing – was es bringt

Monika Radecki

1.1 Starten Sie bei sich selbst – 2

1.2 Bleiben Sie authentisch – 3

1.3 Ihre Arbeit, Ihre Leistung, Ihre Grenzen – 3

1.4 Typsache? Vorbehalte wohlwollend berücksichtigen – 4

1.5 Das Wofür: Werte, Visionen, Zukunftsentwürfe – 5

Literatur – 9

© Springer-Verlag GmbH Germany 2017
M. Radecki, *Sprechen Sie für sich*, https://doi.org/10.1007/978-3-662-54639-0_1

Was Sie in diesem Kapitel erwartet
Auf Ihrer Position übernehmen Sie Verantwortung und können Ihre Expertise einsetzen. Ihre Arbeit und die Ihrer Abteilung bringt gute Ergebnisse – wie befriedigend! Angenommen, Sie werden gefragt, warum Sie eigentlich arbeiten, worin Ihre Leistung besteht oder wie Sie führen, was wäre dann Ihre Antwort? Ist sie lang und ausführlich, oder leben Sie damit, dass Ihre Antwort nur einen Teil des Ganzen zeigt? Können Sie mitgestalten, wie Sie, Ihre Leistung, Ihre Produkte, Ihr Team wahrgenommen werden? Dieses Kapitel ist eine erste Einladung, Werbung in eigener Sache zu machen und Ihre Stärken zu erleben und zu kommunizieren – unter gleichzeitiger Wahrnehmung Ihrer inneren Widersprüche. Ohne eine Idee von oder zumindest eine Sehnsucht nach einem übergeordneten Ziel, einer Werthaltung, einem Bewusstsein von Authentizität sollten Sie diese Einladung allerdings nicht annehmen. Sie erleben dieses Selbstmarketing-Experiment dann als nachhaltig anziehend und motivierend, wenn Sie Sie selbst bleiben und sich an eigenen Möglichkeiten und Zielen ausrichten.

1.1 Starten Sie bei sich selbst

Viele Menschen können – so scheint es – ohne groß Luft zu holen in einen bundesweiten Chor einstimmen, der das Arbeitsleben als zu schnell, zu unfreundlich, zu unstrukturiert, zu vielseitig besingt. Das mag auch „stimmen". Oftmals können wir jedoch in einem anderen Rahmen von unserer Arbeit schwärmen, den Entscheidungsspielraum bejubeln, das Team loben, die Chefin anerkennen.

Immer wieder erlebe ich in Coachings und Trainings, dass sich Fach- und Führungskräfte wundern, trotz hoher Leistung und Präsenz mit einigen ihrer wichtigsten Anliegen nicht gehört zu werden, dass für Qualitätsfragen nötige Schrittfolgen nicht eingehalten werden, wichtige Mitspieler kein Mitspracherecht erhalten. Da wir andere Menschen und die gegebenen Strukturen nur in einem gewissen Maße direkt beeinflussen können, möchte ich Sie in diesem Kapitel dafür gewinnen, bei sich selbst zu starten. Beim Thema Selbstmarketing stellen sich einige Fragen, die sensible Stellen berühren können:

- Wo stehe ich – in meiner Funktion im Unternehmen, als Fach- und Führungskraft, im Team auf gleicher Ebene, im Kontakt mit Mitarbeitern und Kunden?
- Was bin ich „wert"? Meine Leistung, die meines Teams, mein Produkt, meine Dienstleistung?
- Kann ich das sichtbarer, hörbarer, erfahrbarer machen? Und wenn ich damit Öffentlichkeit herstelle, wie stehe ich dann da und gestalte das?
- Mit welchem Gegenwind rechne ich?
- Wie kann ich das auf eine Weise tun, die meiner persönlichen Art entspricht?
- Wie viel Schutz und unterstützendes Netzwerk brauche ich? Muss ich mich dazu zwingen, oder steigert das noch meine Schaffensfreude und Leistungslust?

1.2 Bleiben Sie authentisch

Denken wir an Selbstpräsentation, setzt gleich das Kopfkino ein. Spontan erscheint auf unserer inneren Leinwand eine prächtige Performance, z. B. aus dem Fernsehen – jemand, der unterhaltsam eine Stunde lang Menschen in seinen Bann zieht; man weiß seinen Namen, man erinnert sich an seinen Auftritt in einer interessanten Sendung. Anderes Beispiel: Im letzten Meeting sind wir wieder diesem neuen Kollegen begegnet, der nach oben beste Beziehungen pflegt und sich in Szene zu setzen weiß, der gut ankommt, im Kollegenkreis aber als Blender gilt, auf dessen Wort kein Verlass ist …

Stopp. Wenn Beispiele wie diese Sie inspirieren, sich selbst zu entfalten und den eigenen Auftritt zu gestalten – gut. Wenn solche Beispiele Sie blockieren, dann lassen Sie uns den Blick zurückleiten auf die eigene Bühne. „Bühne" ist eine Metapher für konkrete Situationen, denen wir uns ein Stück weit aussetzen müssen: Wir sind in unserer Funktion sowieso sichtbar. Fragen Sie sich also: Mit was sollen andere Menschen mich spontan in Verbindung bringen? Mit welchem Wert, welcher Handlungsweise, welcher Expertise, welchem Führungsstil? Empfinden Sie die Ambivalenz, die darin liegt, dass Sie eigentlich einfach nur Ihre Arbeit tun wollen, andererseits aber wissen, dass es günstige Auswirkungen haben könnte, wenn Sie wahrgenommen würden?

Ein Beispiel aus der Praxis
Eine Managerin erlebt beim Thema Selbstmarketing und Eigenwerbung eine deutliche Ambivalenz. Sie erzählt: „Marketing löst bei mir zum einen die Assoziation von unerwünschter, nervender Werbung aus, die oft mehr verspricht, als drin ist, und die ungebeten zuhauf in mein Postfach flattert; und zum anderen weiß ich aus Erfahrung, dass meine Wünsche und Erwartungen (z. B. erstens für ein Projekt ausgewählt zu werden, zweitens für mein Projekt Multiplikatoren zu gewinnen) nur eine Chance auf Erfüllung haben, wenn ich rausgehe, mich damit bemerkbar mache, sichtbar werde."

1.3 Ihre Arbeit, Ihre Leistung, Ihre Grenzen

Vielleicht ist Ihre To-do-Liste regelmäßig so lang, dass Sie in ein für Sie typisches Abarbeiten verfallen. Sie schütten all Ihren Leistungswillen, Ihr Herzblut in Ihre aktuellen Aufgaben, in die Teamarbeit, in den Gesamterfolg … und vergessen darüber die eigenen strategischen Ziele. Es kommt noch schlimmer: Termindruck ist die Regel, ein Mitarbeiter hat Schwierigkeiten und braucht sofort eine Besprechung, das neue Budget zwingt zu Einschränkungen, eine zusätzliche Aufgabe erhöht den Zeitdruck, das neue Management setzt ein Strategiemeeting an … Und schon versinken Sie noch tiefer in Ihren Arbeitsbergen und sind auf den ersten Blick v. a. eins: abgetaucht, überengagiert, gehetzt, vielleicht sogar genervt. Sie sind mit Ihrem persönlichen Einsatz

und Ihrer Kompetenz nicht mehr sichtbar. Aber es könnte sinnvoll sein, sichtbar zu werden, wenn Sie:
- spannende Projekte stemmen wollen,
- Bedingungen mitbestimmen wollen,
- innerhalb gegebener Strukturen eine erkennbare Position einnehmen wollen,
- Ihren Marktwert testen und stabilisieren wollen,
- gut verdienen wollen,
- für Ihr Team und Ihr Unternehmen mindestens das vereinbarte Ziel erwirtschaften wollen.

Der Alltag ist so vielfältig und vollgepackt, dass man es manchmal versäumt, Selbstmarketing zu betreiben. Deshalb lenke ich Ihre Aufmerksamkeit zunächst ein wenig weg von Ihrem Arbeitsalltag und zeige Ihnen in ▶ Kap. 2, wie Profis aus Werbung und Pressearbeit Marken entwickeln und positionieren. Sie finden Anregungen, wie Sie diese Herangehensweise in eigener Sache ausprobieren können.

Sie werden nicht lernen, marktschreierisch etwas anzubieten, was Sie nicht sind, sondern Sie werden zu einem Profi, der nicht nur seine Arbeit macht, sondern zudem geeignete Situationen erkennt und selbstbewusst steuert, was andere von ihm sehen.

Doch was spricht eigentlich dagegen, mal ein wenig schriller als gewohnt etwas von sich zu zeigen? Schaut man sich Fotografien der Künstlerin Cindy Sherman an, erhält man eine herrlich überdrehte Interpretation davon, wer wir Menschen sind (s. a. www.cindysherman.com, Stand: 1.6.2017). Die Künstlerin scheint vorzuschlagen, dass wir alle auf der Bühne des Lebens stehen und uns probeweise selbst inszenieren können. Keine schlechte Idee – denn ausprobierend kann man prüfen: Passt das so? Was passiert, wenn ich mich nicht direkt an alle Regeln halte, sondern mich der Sache etwas kreativer widme? Was möchte ich noch verändern? Welche Wirkung hat diese Probe – zunächst mal auf mich selbst?

1.4 Typsache? Vorbehalte wohlwollend berücksichtigen

In Workshops und Coachings begegne ich, grob gesprochen, zwei Gruppen von Menschen:
- Die einen zeigen ein *extrovertiertes* Verhalten. Sie sind Macher und gern an der Rampe. Ihr Auftritt ist stark und sichtbar. Das Angebot dieses Buches an sie ist: sie könnten lernen, sich ihren persönlichen Auftritt bewusster zu machen und ihn ggf. in den Dienst anderer zu stellen oder andere zu motivieren, dieses Wissen für sich oder einen gemeinsamen Erfolg zu nutzen. Da extrovertierte Menschen oftmals nicht unbedingt die Auswirkungen ihres Handelns mit einplanen, könnten sie in diesem Buch die Ehrenrunde drehen und sich fragen: Erreiche ich mit meiner Leistung und Führung das Gewünschte? Könnte ich

mit mehr konstruktivem Feedback so manchen Kollegen und Mitarbeiter nicht länger ins Boot *zerren*, sondern ihn ins Boot *holen*? Ist mein Boot für andere so attraktiv, dass sie gern einsteigen? Wenn nein, wie könnte ich es umbauen?
- Die andere Gruppe zeigt ein eher *introvertiertes* Verhalten. Diese Menschen sind stark im Reflektieren und Bedenken und haben gegenüber dem Thema Selbstmarketing gewisse Vorbehalte, vielleicht sogar XXL-Vorbehalte, weil sie es nicht so mögen, im Vordergrund zu stehen. Da ihnen ihre Zurückhaltung oft bewusst ist, können sie mit vorsichtigem Forschergeist sozusagen ein fremdes Land betreten und dabei eine eigene Art des Selbstmarketings entwickeln. Es gilt, den Mut aufzubringen, strategisch sichtbarer und mit seinen Gaben und Visionen identifizierbarer zu werden. Introvertierte können dieses Buch als Angebotstablett eines Kellners betrachten (s. a. Schmidt 2015), sich munter oder auch skeptisch bedienen und sich dabei fragen: Welches übergeordnete Ziel ist mir wichtig? Wer könnte mich unterstützen, das zu erreichen? Wenn ich mir eine motivierende Auswirkung von Selbstmarketing wünschen könnte, welche wäre das? Welchen meiner vorhandenen Kompetenzen darf ich eine größere Bedeutung zumessen, damit ich in der Lage bin, eine überzeugende Präsentation abzuliefern? Stehe ich durch meine Fähigkeiten nicht sogar in der Verpflichtung, meinen Teil beizutragen zur Gestaltung der gegebenen Struktur, des aktuellen Arbeitskontextes, des Teams?

Typisierungen bilden die Wirklichkeit nicht ab – und dennoch: Sollten Sie als Leserin oder Leser sich in der einen oder der anderen Gruppe wiederfinden (oder situativ mal bei der einen, mal bei der anderen), dann fühlen Sie sich bitte eingeladen, dieses Buch so zu nutzen, wie es Ihnen entspricht.

1.5 Das Wofür: Werte, Visionen, Zukunftsentwürfe

Ich treffe in meinen Beratungen sehr viele Menschen, die sagen, Selbstmarketing sei wichtig, aber sie wüssten nicht genau, wie sie es anstellen sollen. Das ist interessant. Denn was ist eigentlich Selbstmarketing? Auch wenn in diesem Buch so etwas wie eine Anleitung zum Experiment notiert wird, die Sie als Leserin und Leser ausprobieren können, ist Selbstmarketing für jeden etwas anderes. Die Wirkung des Experiments gerät möglicherweise erst dadurch aus der Beliebigkeitszone heraus, dass Sie sich fragen: Wofür mache ich das eigentlich? Wozu wünsche ich mir eine größere Sichtbarkeit – in welcher Öffentlichkeit auch immer? Fehlen mir die Worte, und tue ich mich schwer, in der Vielheit meiner Anliegen mit einer verständlichen Botschaft zu starten (weiter zu diesem Aspekt in ▶ Kap. 3)? Oder geht es mir gar nicht um Öffentlichkeit im Allgemeinen, sondern um Durchsetzung und um Vernetzung mit einer bestimmten Person oder Gruppe (mehr zu diesem Aspekt in ▶ Kap. 6)?

Auch treffe ich viele Menschen, die von einem übergeordneten Ziel im Unternehmen überzeugt sind, aber erleben, dass das Ziel zwar bekannt ist, in den diversen Eigeninteressen der kooperierenden Abteilungen jedoch untergeht. Sie würden sich gern z. B. den Qualitätseinladungen eines Leitbilds anschließen, sehen sich dabei auch am völlig richtigen Ort, kommen aber auf der Handlungsebene mit ihren Werten im pragmatischen, durchkommerzialisierten Alltag nicht durch. Sie erleben, dass Leitungsebenen ihren Qualitätsbeitrag nicht würdigen, oder erfahren auf einem Strategiemeeting Widerstand für Argumente, denen eigentlich viele Menschen im Raum zustimmen müssten. Wenn das „Wofür" des Selbstmarketings dann heißt: „Ich möchte das umsetzen, was in diesem Unternehmen möglich ist", dann kann ein Zwischenschritt durchaus sein, zunächst für einen inneren Schutz und ein unterstützendes Netzwerk im Außen zu sorgen, weil „Selbstmarketing" in ihrem inneren Dialog Gegenstimmen hat, etwa: „Was mir wichtig ist, wird nicht gesehen, und für das, was hoch bewertet wird, müsste ich mich selbst verraten." Die folgende Übung ist eine Einladung, etwas Abstand zu nehmen, aus dem üblichen Denkmuster auszusteigen und sich sozusagen selbst zu coachen.

> **Einladung zum Nachdenken und Ausprobieren**
> Und wenn wir etwas Abstand nehmen? Angenommen, Sie bewegen sich in eine von Ihnen gewünschte Zukunft und malen sich aus, wie es da ist – für sich, für Ihr Team, das Produkt, das Unternehmen. Wie wäre das? Was ist Ihnen dann wichtig? Wie sehen andere Sie dann? Was haben Sie erreicht? Welche Werte sind realisiert? Auch: Welchen Status haben Sie inne, welche Statussymbole umgeben Sie?
> Integrieren Sie nun alle Ihre Sinne: Gibt es in dem Zustand, in dem Sie die gewünschte Zukunft erreicht haben, einen Geruch, eine Farbe, eine Erinnerung, einen Klang? Wie ist Ihre Atmung? Welche unwillkürliche Reaktion zeigt sich noch? Gibt es eine innere Stimme, die etwas sagt oder vielleicht auch einfach nur erleichtert aufatmet?
> So weit die gewünschte Zukunft. Und jetzt drehen Sie sich sozusagen um und betrachten sich in der Gegenwart: Was und wen sehen Sie da? Was möchten Sie aus Ihrer idealen Zukunft Ihrem gegenwärtigen Ich raten? Haben Sie einen Tipp, eine Botschaft, eine Warnung, eine Ermunterung für sich selbst?

Wir haben gelernt, dass wir bevorzugte Verhaltensweisen haben. Aus hypnosystemischer Sicht haben wir allerdings viele innere Anteile: Wir beeinflussen unsere Gegenwart dadurch, dass wir unsere Aufmerksamkeit auf bestimmte Aspekte fokussieren. Ein einfaches Beispiel: Denke ich an Situationen, in denen es mir unangenehm war, mich zu zeigen, wie z. B. in einer Präsentation mit einem schwierigen Thema vor großem Publikum, dann schüttet mein Körper entsprechend Stresshormone aus, und

1.5 · Das Wofür: Werte, Visionen, Zukunftsentwürfe

ich erlebe Nervosität (auch im Nachhinein). Stellen wir uns aber eine Situation vor, in der es uns gelungen ist, uns wirksam zu präsentieren, so wird die bevorstehende Präsentation für uns zu einer lösbaren, wenn auch herausfordernden Aufgabe, und der Körper schüttet Dopamin aus – wir fühlen uns gut. Je nachdem, auf welches innere Bild ich fokussiere, geht es mir gut oder schlecht.

Prinzipiell verfügen wir über einen intuitiven Bereich unbegrenzter Möglichkeiten, aus dem wir durch Emotionen und Handlungen wählen und eine kognitive Bedeutung ableiten. Insbesondere wenn es uns gelingt, an bisher positiv erlebte Erfahrungen anzuknüpfen, können wir unsere Kompetenzen entfalten. Das mag abstrakt klingen, enthält aber eine für dieses Kapitel wesentliche Konsequenz: Wenn wir meinen, wir seien so oder so, können wir auch anders sein, sobald wir das für möglich halten (s. a. Starker und Peschke 2017). Lösen Sie sich einen Moment von der Vorstellung, was Selbstmarketing zu sein hat, und lesen Sie die nächsten Kapitel als Kreativtechnik, die Ihnen herauszufinden hilft, was es *noch* sein könnte.

Ein Beispiel aus der Praxis
Eine Coach schreibt über das Abwägen zwischen Notwendigkeit und spontaner Befürchtung beim Thema Selbstmarketing: „Ich nutze für meine Coachees den Vergleich mit der Musik und frage: ‚Wie laut muss ich trommeln?' bzw. ‚Welches ist das für Sie stimmige Instrument, das andere hören können und das zu Ihnen passt?' Das muss keine Trommel, sondern kann eine Harfe sein. Auch die Tonlage erzeugt Wirkung: Singe oder spiele ich ein Instrument in hoher Tonlage, dann bin ich besser hörbar, weil hohe Töne besser zu orten sind. Das heißt: Als Sopran kann ich mich nicht verstecken. Ich muss es aushalten können, gehört und gesehen zu werden. Dieser Aspekt führt bei meinen Coachees manchmal zu Befürchtungen (‚Da könnte mir dann auch der eisige Wind der Konkurrenz um die Nase wehen'). Oft erleben Menschen es daher als hilfreich, wenn das Selbstmarketing – bildlich gesprochen – nicht auf die Sängerin oder Musikerin selbst zielt, sondern auf das Lied oder Stück gerichtet ist, auf den Inhalt, die Botschaft. Dann steht nicht das Trommeln oder die Stimme im Vordergrund, sondern die Frage nach dem Wofür."

Wenn wir gestresst sind, neigen wir zu einer inneren Entweder-oder-Diskussion – wir vermuten *eine* Ursache für *eine* Wirkung: Wie muss ich mit dem schwierigen Mitarbeiter reden, damit er mitmacht? Was muss ich sagen, damit ich gehört werde und mich durchsetze? Oft stecken wir dann aber fest und ärgern uns über uns oder über andere. Eine zukunftsfähige neue Handlungsweise entsteht so jedenfalls noch nicht. Aus dieser blockierenden Situation können wir uns heraushelfen, indem wir uns auf einen dritten Aspekt besinnen. Beim Selbstmarketing lautet die Einladung: Wie wäre es, wenn ich einen Aspekt von mir (nicht mich) verkaufen könnte – was fände ich dann authentisch, reizvoll, erleichternd? Wofür mache ich das eigentlich? Was soll in Zukunft anders sein?

Ein Beispiel aus der Praxis

Ein Firmeninhaber berichtet: „Ich frage da sofort nach dem Wofür. Was möchte ich mit meinem Selbstmarketing als Führungskraft bewirken? Als Führungskraft nach außen mache ich kein Marketing. Als Führungskraft nach innen werbe ich bei meinen Mitarbeitern dafür, meine Führung als hilfreiche und unterstützende Dienstleistung zu werten, um aus dem alten Vorgesetzter/Arbeitgeber-Denken rauszukommen. Ich stehe in meiner Führung für Interventionen, die die Arbeit qualitativ verbessern (im Gegensatz zu ständig neuen Anforderungen und To-do-Listen). Selbstmarketing in diesem Kontext bedeutet für mich, dass ich Vertrauen zu den Mitarbeitern aufbaue und halte und dass mein Verhalten nachvollziehbar und verlässlich ist. Damit bringe ich mich überhaupt erst in die Lage, wirksame Führungsinterventionen anzustoßen. Meinem Verständnis nach geht Führen nur, wenn es jemanden gibt, der sich führen lässt: Führen und geführt werden gehört zusammen."

> ### Einladung zum Nachdenken und Ausprobieren
> Versuchen Sie in ein oder zwei Sätzen zu sagen, wofür Sie stehen und Verantwortung übernehmen. Stellen Sie sich hin, und sprechen Sie in den Raum, indem Sie die folgenden Satzanfänge vervollständigen:
> - „Ich stehe bei meiner Arbeit für ..."
> - „Bei meiner Arbeit begeistert mich ..."
> - „Führung ist für mich ..."

Wenn Sie neue Verhaltensweisen entwickeln, neue Handlungsrichtungen ausprobieren möchten, könnte es sinnvoll sein, neue Wege zu beschreiten. Sie können diese Übung (und die folgenden Übungen) in Gedanken durchspielen. Besser: Notieren Sie sich Ihre Überlegungen in dieses Buch oder auf ein Blatt Papier. Noch besser: Sprechen Sie sie laut aus. Die Erfahrung wird für Sie deutlicher sein, und Sie hören sich sozusagen selbst zu. Die erste Übung kostet ein wenig Überwindung – die sich lohnt, denn der Effekt ist ein konkretes Erleben:

- **Inhalt**: Ich muss mir klar machen, was ich überhaupt sagen will.
- **Kurz**: Ich bin beschränkt auf eine pointierte Botschaft.
- **Selbstbewusst**: Ich stehe ein bisschen blöd da, laut mit mir selbst sprechend – aber was ich sage, ist genau das, was ich aktuell zum Ausdruck bringen will.

Fazit

Wer stark gestartet ist, ist jetzt schon in Fahrt. Wer sich hingegen in Bühnensituationen ungeschützt fühlt, dem wird jetzt klarer werden, dass es gute Gründe gibt, beim Thema Selbstmarketing nicht Juchhe zu rufen – schützen Sie sich selbst, und statten Sie sich mit dem aus, was Sie gerade brauchen. Sie sind ein Bündel von Kompetenzen, von denen Sie vielleicht bislang gewohnheitsmäßig nur einige genutzt haben. Entdecken Sie neue Möglichkeiten. Experimentieren Sie, und werden Sie aufmerksam für Situationen, in denen Sie gewohnte Muster unterbrechen, auf unwillkürliche Reaktionen achten und Ihren Einsatz so steuern können, dass Sie eine günstige Wirkung erzielen. Das sind große Schritte – eine mögliche Schrittfolge lernen Sie auf den folgenden Seiten kennen.

Literatur

Schmidt, G (2015) Einführung in die hypnosystemische Therapie und Beratung. Carl-Auer, Heidelberg

Starker V, Peschke T (2017) Hypnosystemische Perspektiven im Change Management. Veränderung steuern in einer volatilen, komplexen und widersprüchlichen Welt. Springer, Berlin/Heidelberg

Wie machen es Marketingprofis, und was kann ich davon übernehmen?

Monika Radecki

2.1 Werbung in eigener Sache? Warum sich der Einsatz lohnt – 12

2.2 Trommeln lernen: Aufmerksamkeit erzeugen – 14

2.3 Wertschätzend am Gegenüber orientiert – 15

2.4 Ja, aber: Widersprüchen Platz einräumen – 16

2.5 Selbstmarketing: Alle Seiten und Kompetenzen nutzen – 18

Literatur – 19

© Springer-Verlag GmbH Germany 2017
M. Radecki, *Sprechen Sie für sich*, https://doi.org/10.1007/978-3-662-54639-0_2

Was Sie in diesem Kapitel erwartet
Es gibt Profis, die es schaffen, uns so aufmerksam für ein Produkt zu machen, dass wir den entsprechenden Slogan unter der Dusche singen. Und es gibt Profis, zu deren Geschäft es gehört, Informationen auf eine Weise zu vermitteln, dass man ihnen vertraut: den Profis wie den Informationen. In diesem Kapitel erfahren Sie vom Expertenwissen der Werbe- und Pressefachleute und können anschließend entscheiden, welche Aspekte ihrer Strategien Sie für Ihr Selbstmarketing nutzen wollen.

2.1 Werbung in eigener Sache? Warum sich der Einsatz lohnt

Sie finden es prahlerisch, Ihre eigenen Stärken hervorzuheben? Sie sind Superwoman, Superman auf den zweiten Blick? Dann sind Sie damit in bester Gesellschaft. Viele Menschen meinen, es stünde ihnen nicht zu, auszusprechen, was sie gut an sich finden. Sie können trotzdem erforschen, ob es nicht eine Möglichkeit gibt, die eigene Leistung zielgerichtet zu präsentieren, ohne sich aufgeblasen vorzukommen oder sich angreifbar zu machen.

Erlauben Sie sich im Folgenden, Marketing als Metapher zu sehen. Als ein Bild, das Sie vor sich haben – ein Bild, dessen Elemente Sie nach Belieben gestalten oder verschieben können. Vertriebsprofis mögen mir die vereinfachte Darstellung verzeihen; hier geht es tatsächlich eher darum, ein Bild zu malen, das anschaulich ist. Also: Wie machen Profis Marketing? Wie wird aus einem bisher unbekannten, beliebigen Produkt Ihr Lieblingsprodukt, das Ihr Leben angenehmer macht und das Sie nicht mehr missen möchten?

Marketingfachleute verstehen sich darauf, eine bunte Parallelwelt rund um ein Produkt zu erschaffen. Sie geben Ihnen sogar eine klare Vorstellung von dem, was Ihr Lieblingsprodukt kostet, was es „wert" ist; sie schaffen es also, dass ein Produkt zu Ihrem Lieblingsprodukt wird *und* Ihnen sowohl lieb als auch teuer ist.

> **Einladung zum Nachdenken und Ausprobieren**
> Welche Markenprodukte kennen Sie? Welchen Nutzen verbinden Sie damit? Kennen Sie einen Slogan zum Produkt? Wissen Sie genau, wie es aussieht? Und was Sie dafür ausgeben würden? Oder spielt der Preis fast keine Rolle? Produkte sind mit klaren oder zumindest einprägsamen Botschaften verbunden, mit Produktaussagen, die ein Lebensgefühl vermitteln. Wie schaffen die Marketingexperten es, dass Ihnen ein bestimmtes Produkt vor Augen, im Ohr, in der Nase ist, nur weil Sie dessen Logo sehen oder Jingle hören? Und wächst in Ihnen die Neugier, wie das geht, ebenso erkennbar für eine bestimmte „Öffentlichkeit" zu werden, z. B. für Vorgesetzte, Mitarbeiter, Kunden?

2.1 · Werbung in eigener Sache?

○ Abb. 2.1 Selbstmarketing – einige Aspekte

Wir bewegen uns in einem Arbeitsmarkt, in dem die oder der Einzelne wichtig ist, in dem Einzelne aber auch mehr oder weniger austauschbar zu sein scheinen. Es gibt übergeordnete Zielvorgaben, einen Zielmarkt, Konkurrenz, Termindruck, Budgets, Kalkulationen. Also keine Zeit für Selbstmarketing? Von wegen! Nehmen Sie sich einige Seiten lang Werbe- und Pressefachleute zum Vorbild, deren Handlungspriorität ist, einer Zielgruppe entsprechend ihren Nutzergewohnheiten ein Produkt oder eine Dienstleistung zu präsentieren und sie sozusagen zum „Kauf" zu bewegen.

Wie bewusst ist Ihnen im Alltag, dass Sie in Ihrer Funktion dauernd unter Beobachtung stehen? Sie treffen eine Entscheidung – und haben Zeugen. Sie entlassen jemanden – und haben Zeugen. Sie gehen mit der neuen Kollegin in die Kantine – und haben Zeugen. Alle Zeugen machen sich ein Bild von Ihnen, haben Hypothesen über Ihre Absichten, tauschen Informationen und Vermutungen über Sie aus. Ihr Umfeld hat Sie mehr oder weniger wohlwollend im Blick. Mit der Methode des Selbstmarketings definieren Sie, was Sie „verkaufen" und worüber Sie informieren wollen. Steuern Sie mit, was beim anderen ankommt und welche Botschaften er mit Ihnen verbindet, wenn er an Sie, Ihr Team, Ihr Unternehmen denkt (○ Abb. 2.1).

Ein Beispiel aus der Praxis
Eine Führungskraft der Ebene direkt unter dem Vorstand buchte ein Coaching: Der Vorstand hatte den Mitarbeiter zu einem Gespräch eingeladen, mit dem Ziel, über seine weitere persönliche Entwicklung zu sprechen. Er solle sich überlegen, wie seine Vorstellungen zu Karriereentwicklung und Weiterbildung aussähen. Die Führungskraft war irritiert und verunsichert: Erfüllte er seine Aufgabe nicht gut genug, oder wollte man ihn in dieser Funktion nicht mehr halten? Im Coaching konnte auf Basis konkreter Ereignisse herausgearbeitet werden, dass der Vorstand berechtigte Sorgen haben musste, den hoch qualifizierten Mitarbeiter zu verlieren. Also richtete sich der Fokus auf das, was der Mitarbeiter selbst wollte, welche Tätigkeiten und Funktionen er prinzipiell ansprechend fand, unabhängig davon, ob diese realistisch waren. Daraus resultierte eine sehr renommierte, hochpreisige Managementqualifikation. Die Vorarbeit war also nötig gewesen: Mit dem Wissen um seine Bedeutung für die Organisation und seine Fähigkeiten und Erfahrungen konnte der Mitarbeiter dem Vorstand gegenübertreten. Dieser war erleichtert, mit der Maßnahme den Mitarbeiter noch mindestens für die Dauer der Weiterbildung halten zu können.

2.2 Trommeln lernen: Aufmerksamkeit erzeugen

Werbung ist ein Teil des Marketings. Das professionelle Handeln von Marketingexperten ist darauf ausrichtet, die Bedürfnisse und Erwartungen der Kunden kennenzulernen und zu befriedigen. Das Ziel des Marketings besteht, kurz gesagt, darin, den Absatz eines Produkts zu erhöhen. Um das zu erreichen, wird das Konkurrenzumfeld eines Produkts oder Angebots analysiert, und die hervorstechenden attraktiven Eigenschaften des Produkts werden herausgearbeitet: Die Marke wird definiert und positioniert. Dabei beachtet man, wen man anspricht. Marketingfachleute bewegen sich in der Sprache ihrer Zielgruppe – in Worten und in Bildern. Eine Bierwerbung zeigt junge Menschen am Strand, die aufs Meer hinausschauen, und vermittelt eine lockere Atmosphäre unter Freunden – alles ohne Worte, bis auf den Slogan und die Nennung der Marke. Werbung spricht eine starke Sprache, die die Botschaft auf wenige Worte verkürzt. Indem Werbetexter Fakten zielgerichtet auswählen und auf diese Weise vorgeben, was wichtig ist, entsteht eine „Wirklichkeit", eine Marke bildet sich heraus, ein „Wert" wird erzeugt (s. a. Klare 2011).

Ein Beispiel aus der Praxis
Ein Trailer zeigt die Kurzfassung eines Films. Der Inhalt dient als Pool für Schlagworte, die die Menge begeistern: eine kleine Schlägerei, etwas Liebe, etwas Drama … Ziel ist es nicht, den Inhalt des Films zusammenzufassen; Ziel ist es vielmehr, viele Menschen mit kleinen Appetithäppchen zu animieren, sich den neuen Film im Kino anzuschauen. Wie wirkt das auf Sie? Fühlen Sie sich manipuliert, oder verzeihen Sie die ungenaue Zusammenfassung zugunsten der guten Unterhaltung?

Werbefachleute haben einen Vorteil: Sie können mit Umfragen und Umsatzanalysen den Erfolg ihrer Bemühungen relativ direkt messen. Ob sie den Kundengeschmack getroffen haben, zeigen ihnen die Umsatzzahlen. Eine Firma kann z. B. direkt erkennen, ob eine Fernsehwerbung für ein Shampoo, für die sie eine attraktive Schauspielerin verpflichtet hat, ein Erfolg ist oder nicht. Marketing und Verkauf klopfen zuweilen auch starke Sprüche über ihr eigenes Wirken: „Der Segen liegt nicht im guten Produkt, der Segen liegt im gut verkauften guten Produkt." Oder: „Der Wurm soll nicht dem Angler, sondern dem Fisch schmecken." Das muss man sich einen Moment auf der Zunge zergehen lassen. Nein, Sie sollen sich nicht verkaufen und Werbewirkung vor gute Qualität setzen. Behalten Sie Ihre Wertmaßstäbe und Ihre persönliche Art. Aber erlauben Sie sich hin und wieder, eine Anleihe bei diesen Verkaufsweisheiten zu machen und sich vielleicht auch mal etwas lauter, verkürzter, unbegründeter zu äußern.

2.3 Wertschätzend am Gegenüber orientiert

Auch Pressearbeit gehört in gewisser Weise zum Marketing. Sie ist Teil der sog. Public Relations, d. h. des professionellen Informierens und Kontaktherstellens Richtung Öffentlichkeit. Hauptziel ist der strategische Aufbau von Beziehungen zu Medien, Kunden oder Interessengruppen. Die Öffentlichkeit soll ein konkretes Bild von einem Angebot oder einer Marke erhalten und damit dann z. B. ein verlässliches Profil verbinden.

Die Strategien der Pressearbeit werden all jenen entgegenkommen, die es eher verbindlicher mögen. Im Fokus stehen hier die Fakten. Die Bewertung der Güte der Information wird dem Gegenüber überlassen: Die Pressearbeit liefert Informationen, und das Gegenüber oder die Öffentlichkeit darf sich selbst eine Meinung darüber bilden. Man setzt auf verlässliche Kommunikation und erzeugt so Vertrauen. Das gelingt nur durch Kontakt und Kooperationsbereitschaft. Man ist an Feedbackschleifen interessiert, will Aufmerksamkeit und Interesse wecken, Sympathie und Vertrauen gewinnen. Man vermittelt zwischen dem Kunden und der Marke. Der Nachteil der Pressearbeit ist, dass ihr Erfolg nicht unmittelbar messbar ist.

Ein Beispiel aus der Praxis

Eine Personalmanagerin sollte als „Startschuss" auf einer neuen Stelle ein Führungskräfteprogramm etablieren. Es gab Gegenwind im Unternehmen, dennoch ging sie das Projekt (das sich inzwischen als Vorzeigeprogramm etabliert hat) mit großem Engagement an. Auf die Frage, was das Erfolgsgeheimnis gewesen sei, antwortete sie: „Mit Sicherheit z. T. genau meine Blauäugigkeit, aber auch meine ganz eigene Form des Selbstmarketings. Ich wirkte mit den Eigenschaften und Werten, die mich persönlich ausmachen: Ich trat ohne Vorbehalte und strategische Hintergedanken mit den Stakeholdern in Dialog, hörte mir Bedenken und Kritik mit ehrlichem Interesse an, nahm diese ernst und würdigte sie als wertvolle Hinweise. Meine Anliegen und meine Person garnierte ich mit hoher Fachkompetenz und Professionalität. Bei Erfolg standen Statuserhöhung oder Machtvergrößerung in Aussicht – das war meinen inneren Anteilen aber absolut unwichtig. Ich konnte authentisch agieren und die Anteile von mir auf die Bühne bringen, die zieldienlich waren. So schaffte ich Vertrauen zu mir als Person und zu einem Programm, das mit höchster Qualität umgesetzt wird. Ich habe eine innere Rampensau, aber die durfte im Hintergrund bleiben. Nur einmal musste sie raus, als der Betriebsrat eine fest zugesagte Deadline verschieben wollte und damit den ganzen Projektstart in Gefahr brachte. Da verteidigte meine kleine Sau meine Werte, die verletzt wurden, und Zusagen, die ich anderen gegeben hatte."

2.4 Ja, aber: Widersprüchen Platz einräumen

Die Vorteile von Werbe- und Pressearbeit nutzen – das klingt logisch und einfach. Und dennoch erleben viele Menschen in sich verschiedene Seiten, die miteinander im Zwiegespräch sind: Eine Seite will stark heraus, eine will erst noch Informationen aufbereiten, um sich abzusichern, und würde überhaupt lieber im Hintergrund bleiben. Und viele Menschen erleben sich in einem Umfeld, in dem das, was sie anzubieten haben, noch keine Unterstützer gefunden hat – das nervt, frustriert, frisst Energie und ängstigt mitunter. Diese Aspekte verdienen Aufmerksamkeit, denn diese Seiten können nicht abgestellt oder wegtrainiert werden, sondern haben ihre Funktion, z. B. eine Schutzfunktion. Stoßen Sie auf diese Seiten, bedeutet das nicht, dass Selbstmarketing nichts für Sie ist, sondern lediglich, dass in der Choreografie für den Weg auf die Bühne gerade andere Schritte Vorrang haben.

Nehmen Sie sich bei diesem Thema immer wieder einen Augenblick, um zu erkunden, wozu Sie überhaupt Selbstmarketing betreiben wollen. Möchten Sie tätig werden für etwas, das Ihnen wichtig ist, oder weil ein Kollege aus Ihrem Umfeld sich besser verkaufen kann? Kann der Vergleich Selbstmarketing notwendig machen? Sollten Sie ausgeglichen genug sein, könnte ein solcher Neidaspekt eine Einladung darstellen: Notieren Sie genau, was Sie an diesem Kollegen beachtenswert finden. Sprechen Sie mit jemandem darüber, und überlegen Sie, welche „Bauteile" Sie authentisch in Ihre eigene Strategie verbauen können.

Oftmals vergleichen wir uns aber mit jemandem, der uns in Wallung bringt, weil wir mit ihm eine Ungerechtigkeit im Unternehmen verbinden, eine Kränkung, vielleicht sogar eine Erinnerung an eine schmerzhafte Phase in unserem Leben. Dann könnte es empfehlenswerter sein, sich *nicht* zu vergleichen, sondern zunächst wohlwollend mit sich selbst zu überlegen, wohin man möchte und was einen aufhält – ggf. mit Unterstützung von Peers, einem Coach oder Therapeuten. Betrachten wir das, auch mit Unterstützung eines wohlmeinenden Gesprächspartners, können wir aus der Wenn-dann-Denke aussteigen.

2.4 · Ja, aber: Widersprüchen Platz einräumen

Sie wollen sich in einer Struktur mit einem Anliegen für Ihre Abteilung durchsetzen? Dann können Sie ein kleines Thema auswählen und die in diesem Buch vorgeschlagene Schrittfolge ausprobieren. Erlauben Sie sich Erfolge, aber gönnen Sie sich auch einen wichtigen Nebeneffekt: Nehmen Sie Ihre Ambivalenzen wahr. Wir sprechen sehr gern von „ich" und meinen damit eine ganze Person. Mit dieser ganzen Person meinen wir dann, uns präsentieren zu müssen. Gunther Schmidt (z. B. Schmidt 2015) beschreibt in einem Vortrag einen blinden Mann mit Stock und fragt sein Auditorium, wo der Mann beginnt und wo er aufhört. Gehört der Stock vielleicht noch zum Mann, da dieser ihn ja zum Wahrnehmen der Umgebung braucht?

In einer entspannten Situation werden wir sehr schnell sehr verschiedene Anteile von uns nennen können, die – aus der Ferne betrachtet – sehr unterschiedliche Personae zeigen, obgleich sie alle „ich" sind. Ein Beispiel: Ein Familienvater sorgt sich um seine Tochter auf dem Schulweg und entlässt am gleichen Tag in seiner Funktion als Geschäftsführer einen Mann, der eine kleine Tochter hat.

Zu sich selbst stehen oder wirksam sein heißt hier paradoxerweise nicht, zu einer Einheit zu finden, die endlich keinen inneren Zwiespalt mehr empfindet, sondern es verhält sich genau andersherum: Man gelangt zu einem inneren Reichtum, den man in einer vielgestaltigen, sich ständig verändernden Welt zum Nutzen eines größeren Gemeinsamen sinnvoll einsetzen kann, im respektvollen Zusammenwirken mit anderen, die andere Gaben einbringen.

Ein Beispiel aus der Praxis

Eine Coach erzählt von ihren Erfahrungen: „Wenn ich Personen coache, treffe ich auf ganz unterschiedliche Bezüge zu dem Thema – mit einer bereits sehr unterschiedlich ausgeprägten Fähigkeit zum Selbstmarketing. Es gibt immer auch Wechselwirkungen: ein Introvertierter, der einen Extravertierten als übergriffig empfinden kann; ein Vertriebsmensch, der einen Wissenschaftler dröge findet. Im Laufe der Zeit ist mir wichtiger geworden, die ‚stillen' Anteile der Person zu schützen, statt immer mit Schwung nach vorne zu arbeiten. Manchmal ist es für eine Führungskraft sinnvoll, derzeit *nicht* ins Rampenlicht zu gehen. Manche haben schlechte Erfahrungen gemacht, bis hin zur Kindheit, in der sie Verletzungen oder Demütigungen erlebt haben. Bevor ich defensive Selbstvermarkter zu dem Schritt in die Außendarstellung ermutige, suche ich danach, wie die zu schützenden Anteile zu sichern und zu stärken sind. Erst dann geht es, zunächst in kleinen Schritten, im geschützten Rahmen nach draußen, um Auswirkungen bewusst zu erzielen und sich mit ihnen auseinanderzusetzen. So kann jemand mit hoffentlich positiven Referenzereignissen authentisch seinen Weg finden."

2.5 Selbstmarketing: Alle Seiten und Kompetenzen nutzen

Haben Sie inzwischen Lust bekommen, Imagebildung für sich, Ihr Team oder Ihr Produkt zu betreiben? In den folgenden Kapiteln können Sie damit experimentieren, die vorgestellten Arbeitskonzepte aus Werbung und Presse auf Ihren Alltag zu übertragen:

- Schaffen Sie Fakten über sich, die eigene Leistung, Ihre Werte und Visionen.
- Seien Sie verständlich – und prüfen Sie, ob Sie verständlich sind (das bestimmt Ihr Gegenüber).
- Identifizieren Sie Momente, in denen Sie sich oder Ihr Team präsentieren möchten, und erlauben Sie sich Zeiten, in denen Sie netzwerken, recherchieren, Kraft sammeln.
- Nutzen Sie Feedback und prüfen Sie, ob das, was Sie, Ihr Team, Ihr Unternehmen anbieten, Bedarfe des Gegenübers abdeckt.
- Sammeln Sie Kontakte, und überprüfen Sie die Qualität und Belastbarkeit der Beziehung.
- Entwickeln Sie eine starke Marke, die man haben will und die ihren „Wert" hat.

Aber: Bleiben Sie dabei Sie selbst! Selbstmarketing ist keine Methode, um Sprüche zu klopfen oder etwas vorzugeben, was Sie nicht sind und nicht leisten können. Die erfolgreiche Darstellung Ihrer Person und Ihres Angebots können Sie nicht verordnen. Jemand wird das, was Sie über sich, Ihr Team, Ihr Unternehmen, Ihren Berufsstand sagen, nur dann behalten und bereitwillig weitertragen, wenn ihm das, was Sie ihm bieten, nutzt oder wenn es Ihnen gelungen ist, ihn einzubeziehen, ihn mit seinem Bedürfnis zu sehen und ihn mit Ihrer Marke zu begeistern.

Ein Beispiel aus der Praxis

Ein Mitarbeiter hatte das Ziel, Führungskraft im Unternehmen zu werden. Der Weg nach oben war aber zunächst blockiert, da es auf absehbare Zeit keine freien Führungspositionen gab. Er bildete sich in einem Führungskräfteprogramm zwei Jahre intensiv zu führungsrelevanten Themen – wie Führung, Kommunikation, Change Management, Wirkung auf andere, Selbstmarketing – weiter und erhielt in dieser Zeit viel Feedback von Peers und Trainern. Dann wurde die Position seines Abteilungsleiters ausgeschrieben, der in Rente ging und für den es eigentlich schon einen logischen Nachfolger gab. Der Mitarbeiter ohne Führungserfahrung bewarb sich dennoch. Vor seinen Schulungen hätte er sich als anmaßend erlebt, jetzt warf er seinen Hut selbstbewusst in den Ring … und bekam die Stelle. Was hat ihm geholfen? Das Wissen, dass er ohne mutiges Selbstmarketing sein Ziel niemals erreichen würde; die Unterstützung der Peers und Trainer, die ihm Mut machten und ihn während des Bewerbungsverfahrens coachten und stärkten; innovatives Know-how zu Führungsthemen, das mangelnde Erfahrung in diesem Fall ausglich, und nicht zuletzt ein hoher Grad an Selbstreflexion, der manch gestandener Führungsperson fehlt.

Fazit

Werbung in eigener Sache ist ein methodisches Vorgehen, mit dem Sie mitbestimmen, wie Sie auf andere wirken und welche Auswirkungen Ihr Handeln hat. Werbung und Presse stehen Ihnen hierbei als plakative Ideengeber zur Verfügung. Die Einladung lautet: Nutzen Sie beide Wege – lautes wie dezentes Vorgehen –, auch wenn Sie spontan klar einer dieser Richtungen folgen möchten. Erproben Sie Verhaltensmuster, die Sie bislang noch nicht genutzt haben. Stürmen Sie nicht blindlings auf neuen Wegen voran, sondern prüfen Sie, ob das, was Sie tun, die erwünschte Wirkung erzielt.

Literatur

Klare J (2011) Was bin ich wert? Eine Preisermittlung. Suhrkamp, Berlin

Schmidt, G (2015) Einführung in die hypnosystemische Therapie und Beratung. Carl-Auer, Heidelberg

und an den übergeordneten
Werbung in eigener Sache: Profil zeigen

Monika Radecki

3.1 Stärken-Schwächen-Analyse: Das zeichnet Sie aus – 22

3.2 Fallstricke beachten: Übertreibung, fremdbestimmte Ziele, ungünstige Vergleiche – 27

3.3 Das Ziel bestimmen und an den übergeordneten Werten orientieren – 28

3.4 Sichtbar werden und über die eigene Leistung sprechen – 35

Literatur – 41

© Springer-Verlag GmbH Germany 2017
M. Radecki, *Sprechen Sie für sich*, https://doi.org/10.1007/978-3-662-54639-0_3

Kapitel 3 · Werbung in eigener Sache: Profil zeigen

Was Sie in diesem Kapitel erwartet
Wer Selbstmarketing betreiben will, könnte bei seinen Stärken starten. Mit Stärken gehen Werbeprofis hausieren. In diesem Kapitel erstellen Sie ein Stärken-Schwächen-Profil. Aus diesem leiten Sie Ziele für Ihre Selbstvermarktung ab und finden „Werbebotschaften", die für Ihre Marke stehen. Da das leichter gesagt ist als getan, widmen wir uns auch den Fallstricken, die oft mit ungünstigen Vergleichen und blockierenden inneren Diskussionen einhergehen. Am Ende dieses Kapitels geht es Ihnen leicht von den Lippen: „Mein Profil und meine Performance haben Markenqualität."

3.1 Stärken-Schwächen-Analyse: Das zeichnet Sie aus

Zurück auf Start: Als Fach- und Führungskraft sind Sie sichtbar. Das Bild, das *andere* von Ihnen haben oder weitergeben, sieht oft aber etwas anders aus als das Bild, das Sie selbst von sich zeichnen würden. Warum fällt es uns gelegentlich schwer, anderen ein Bild von uns selbst zu skizzieren und uns ihnen mit dieser Darstellung auch ein bisschen zuzumuten oder einer Begutachtung auszusetzen?

Wir umgeben uns gern mit Menschen, die in irgendeinem Sinne erfolgreich sind und in deren Gesellschaft man sich irgendwie fühlt wie bei gutem Wetter. Das gilt nicht nur für klassischen Erfolg und entsprechende Attribute: Bildung, Attraktivität, Charisma oder auch ein Porsche Cayenne. Erfolgreich kann auch jemand sein, der Beruf und Kindererziehung gut hinkriegt, oder jemand, der nach langer Krankheit wieder in den Job eingestiegen ist und zeigt, was er kann; jemand, der umgeschult hat und, obwohl er für den neuen Job noch vieles nachholen muss, positiv gestimmt ist und andere mitreißt. Erfolg hat immer auch mit Bedeutungsgebung zu tun – mit der Bedeutung, die wir geben oder die wir annehmen.

Erfolg ist auch nicht für bestimmte Typen reserviert. Zwar wirken Menschen, die sich dominanter verhalten oder sich besser in den Mittelpunkt stellen können, auf den ersten Blick stärker. Menschen, die analytisch arbeiten oder sich um das Wohl des Teams kümmern, sind aber auf ihre Weise genauso erfolgreich, sie spielen sich nur nicht in den Vordergrund. Erfolg hat nur zum Teil mit äußerer Bewertung zu tun – sobald jemand für einen Inhalt steht, hat er eine Haltung, die „stimmt". Für den Kontext Selbstmarketing bedeutet das: Nehmen Sie es selbst in die Hand, zu definieren, was für Sie Erfolg ist. Finden Sie Ihre ganz persönliche Art der Haltung und Ausstrahlung, die es Ihnen erlaubt, mit und ohne Worte zu zeigen: „Hier ist mein professionelles Angebot", „Hier übernehme ich Verantwortung".

3.1 • Stärken-Schwächen-Analyse: Das zeichnet Sie aus

> **Einladung zum Nachdenken und Ausprobieren**
> Überlegen Sie einen Moment: Wo stehen Sie – als Mensch, als Führungskraft, als Mitarbeiter – innerhalb Ihrer Organisation? Welches Ziel könnten Sie entwickeln, wenn es darum geht, mit Ihrer Person und mit Ihrer Leistung (auch: als Team, als Berufsstand, als Einrichtung …) sichtbar zu sein oder zu werden? Was sollen andere über Sie und Ihre Leistung sagen? Was können Sie über sich und Ihre Leistung so sagen, dass es beim anderen ankommt und hängen bleibt? Sind Ihre Werte erkennbar? Sind Ihre Visionen motivierend, und können sich andere daran anschließen?

Werbeprofis machen sich Gedanken über die Stärken des Produkts, das sie bewerben wollen. Auch Sie können lernen, Ihre Stärken an einer Öffentlichkeit orientiert zu definieren und zum Ausdruck zu bringen. Eher extrovertierte Menschen teilen ihre Begeisterung über Ereignisse und Erfolge gerne mit anderen und machen kein Thema daraus, dass ihnen anderes nicht gelingt. Introvertierte Menschen können sich und andere gut einschätzen, wissen ihre Stärken aber nicht so schnell auf den Punkt zu bringen: Ihnen liegt es eher, auszusprechen, wo sie sich entwickeln könnten. Diese Menschen können sich auf das besinnen, was Freunde, die Chefin, der Kollege, eine Mitarbeiterin spontan über sie sagen, wenn sie gefragt werden. Damit haben sie einen Ansatzpunkt, stolz zu sein auf etwas, was für sie selbst selbstverständlich ist, von anderen aber offenbar als Stärke wahrgenommen wird.

▪ Wer sind Sie privat? Wer sind Sie im Job?

Egal, ob wir privat oder dienstlich unterwegs sind: Wir bewegen uns in unterschiedlichen Kontexten. Im Job sind wir z. B. gleichzeitig Privatperson, Manager, Repräsentant eines Unternehmens, Kollege auf gleicher Hierarchieebene. Man spricht dabei von sozialen Rollen. Jede Rolle steht in Zusammenhang mit einer persönlichen Reaktion auf die spezifische Umwelt und wird durch ein für uns in diesem Kontext starkes („typisches") Verhalten sichtbar. Stärken haben wir privat wie beruflich. Viele erleben es als stärkend, für sich zu entdecken, über welche Ressourcen und Kompetenzen sie bereits verfügen. Für manche Menschen ist die Entdeckung seltsam, dass sie ein gutes Gefühl für ihre Stärken haben, sie aber noch nicht mit Worten ausdrücken können. Kompetent ist aber auch, wer eine innere Kraft in einem Körpergefühl verorten, eine tragende Körperhaltung einnehmen, die eigene Atmung in einem starken Moment identifizieren und einleiten kann. Für Menschen, die mit dem Formulieren ihrer Stärken starten, kann es selbstfürsorglich sein, Stärken im Privaten und im Beruflichen auszumachen, sich beim Selbstmarketing aber zunächst auf die berufliche Seite zu beschränken. Im Folgenden richten Sie Ihre Aufmerksamkeit auf Ihre Stärken im Job, weil Sie dort sowieso in einer gewissen Öffentlichkeit stehen. Die sog. Schwächen beachten wir dabei mit.

Ein Beispiel aus der Praxis
Der stellvertretende Pflegedienstleiter einer neurologischen Rehabilitationsabteilung arbeitet in einem Team mit 25 Leuten. Zu seinen Stärken im Job zählt er, dass er verlässlich ist, sich für eine gute Stimmung im Team einsetzt und bei Engpässen selbst mit anpackt. Diese Stärken hat er auch privat: Er kümmert sich z. B. mit um die pflegebedürftige Mutter seiner Partnerin und organisiert einmal im Jahr mit drei Nachbarn das Straßenfest. Seine Schwächen gesteht er sich nur widerwillig ein. Privat verzettelt er sich oft und zieht sich bei Stress zurück. Beruflich macht er zu viele Überstunden und ist sauer, wenn ihm die Krankenhausleitung diese ausbezahlen will, weil er einen Zeitausgleich wünscht. Das ist erst einmal seine „Landkarte", mit der er sein nächstes berufliches Ziel bestimmen will.

Ein Beispiel aus der Praxis
Ein Informatiker brilliert stets mit ausgezeichneten Leistungen. Er hat nach einem Studium der Informatik und einer Promotion in BWL eine tolle Karriere gemacht und es bis zum Geschäftsführer eines größeren Unternehmens in der Großstadt gebracht. Diese Stärken hat er beruflich wie privat – es ist einfach wohltuend, zu erleben, dass er kein typischer Karrierist ist, sondern es durch Intelligenz, Einsatzbereitschaft, klaren Sachverstand und eine sehr angenehme, authentische Art schafft, Menschen zu überzeugen.

Ihre persönlichen und beruflichen Stärken – das sind die Stellen, an denen Sie mit Ihrer Werbung in eigener Sache ansetzen können. Bei Stress im Job ist es wichtig, dass Sie Privatleben und Beruf trennen können (s. a. Kaluza 2015). Viele Menschen meinen, sie könnten Schwächen unter den Tisch kehren – auch vor sich selbst. Das ist tückisch, denn unbeachtete private Schwächen äußern sich letzten Endes z. B. in Krankheiten oder Konflikten. Und Schwächen im Job bleiben nie so geheim, wie man es sich wünscht.

Als Experiment könnte es erhellend sein, neben der Trennung zwischen Privatem und Beruflichem zwischen Stärken und Schwächen zu unterscheiden. Die Idee dahinter: Schwächen Sie Ihre Schwächen, und stärken Sie Ihre Stärken.

Einladung zum Nachdenken und Ausprobieren
Erstellen Sie Ihr Stärken-Schwächen-Profil. Überlegen Sie, welche persönlichen Stärken Sie mitbringen und im Privaten und im Job zeigen. Fragen Sie sich auch, welche Schwächen sich melden. Stärken sind Ihre Kraftquelle. Sie können Ihren Partner, Ihre Chefin, Ihre Mitarbeiterin, Ihren Lieblingskollegen nach Ihren Stärken fragen. Sie können sich aber auch selbst die Frage beantworten: Was an mir macht mich stolz, zufrieden, ruhig, stark, lässt mich aufatmen?

3.1 • Stärken-Schwächen-Analyse: Das zeichnet Sie aus

Meine persönlichen Stärken im **Privaten**:
- _____
- _____
- _____

Meine persönlichen Stärken im **Job**:
- _____
- _____
- _____

Meine Schwächen („Probleme", Herausforderungen) im **Privaten**:
- _____

Meine Schwächen („Probleme", Herausforderungen) im **Job**:
- _____

Manche Menschen sehen an dieser Analyse, dass sie im Job wie im Privaten dieselben Stärken einsetzen. Andere merken, dass sie je nach Kontext sehr unterschiedlich agieren, fühlen, denken. Wieder andere haben noch nie darüber nachgedacht und finden nur für einige der Aspekte des Profils Stärken oder Schwächen. Wer hier nicht weiterkommt, findet in ▶ Abschn. 3.2 noch eine Variante zum Stärken-Schwächen-Profil: das Ich-bin-Fan-von-mir-selbst-Profil. Die Einladung ist: Erforschen Sie sich. Erleben Sie sich eine Weile bewusster als bisher. Entdecken Sie einen großen Pool an Kompetenzen und Stärken. Finden Sie heraus, ob etwas, das Sie als Schwäche beschreiben, in einem anderen Kontext vielleicht sogar eine ausgesprochene Kompetenz darstellt.

Die Unterscheidung und Trennung von Privatleben und Job kann schützen. In einem Workshop reflektierte eine erschöpfte Führungskraft, dass sie im Job bislang aus einer persönlichen Wertehaltung Entscheidungen getroffen und Handlungen eingeleitet hatte, mit denen sie Probleme im System auffing, für die sie nicht zuständig war. Ein anderer Teilnehmer berichtete von existenziellen privaten Themen; als „Absicherung" überidentifizierte er sich mit seiner Arbeit und strapazierte sich damit zusätzlich. Diese Muster zu erkennen ist erhellend – zu lernen, sie zu unterbrechen, kann ein längerer Prozess sein. So gesehen ist Selbstmarketing auch ein Schlüssel zum Verständnis von Stress- und Selbstmanagement.

- **Private Schwächen** sollten Sie kennen und sich um sie „kümmern". Holen Sie sich Unterstützung, und nehmen Sie Ihre Schwächen so ernst, wie es angemessen ist. Im Beruf sind private Schwächen nie so heimlich, wie man möchte, aber sie bleiben Privatangelegenheit. Entdecken Sie die Potenziale hinter manchen vermeintlichen Schwächen.

- **Berufliche Schwächen** sollten Ihnen bewusst sein. Sprechen Sie mit der Personalentwicklerin, dem Chef, der Kollegin – holen Sie sich Feedback, und schulen Sie sich hier. Geben Sie Ihren beruflichen Schwächen aber nicht zu viel Raum.
- **Private Stärken** sollten Sie genau kennen und sichtbar machen, sofern Sie das mögen und sinnvoll finden. Mit privaten Stärken kommen Sie auch im Job gut an.
- **Berufliche Stärken** sollten Sie genau kennen und andere bei Gelegenheit wissen lassen, dass Sie sie besitzen. Kommunizieren Sie sie aktiv. Sprechen Sie hier für sich.

Ein Beispiel aus der Praxis

Ein Berater ist nach mehreren beruflichen Stationen seit knapp zwei Jahren bei einer großen Krankenkasse tätig. Er ist kreativ und geduldig, kommt bei den Leuten gut an. Allerdings findet er auch manchmal unkonventionelle Lösungen – er braucht diese kleine persönliche Freiheit. Das weiß er von sich, und das wissen die anderen von ihm. Als er einen neuen Chef bekommt, stellt ihn dieser im ersten Mitarbeitergespräch zur Rede. Mehr noch: Im anschließenden Protokoll sind die kleinen Regelverletzungen des Beraters so dargestellt, als stünde er kurz vor der Abmahnung. Er spricht sich bei einem Coach aus und bereitet eine Botschaft über seine Stärken vor; dabei wird ihm auch klar, unter welchem Druck sein neuer Chef steht und wie seine selbst gemachten Regeln auf diesen wirken müssen. Dann sucht er erneut das Gespräch mit dem Chef, drückt sein Erstaunen über das Protokoll aus und erarbeitet mit ihm eine Zielvorgabe, die seinen Stärken entspricht. Auch wenn eine Abmahnung nie zur Debatte stand, hat der Berater die vermeintlich ungünstige Situation konstruktiv genutzt, ist mit seinen Qualitäten sichtbar geworden und hat dem Chef zudem vermittelt: Ich bin loyal, auch in schwierigen Situationen. Ich habe noch weiteres Potenzial.

Persönliche und berufliche Stärken sind Ihre Basis, wenn Sie sich und Ihre Leistung ins Gespräch bringen wollen. Zeigen Sie, wo Sie Verantwortung übernehmen wollen, wo Sie nächste Etappen sehen, wo Sie mit Ihrem Team hinwollen, wie Sie sich an einem übergeordneten Ziel orientieren.

Und die Schwächen? Hier ist ein großes Entdeckungspotenzial angelegt. Wir haben uns an unsere Mangel-Empfindungen gewöhnt. Je nach Lebensphase, Herausforderung, Augenblick geben wir ihnen die Bedeutung, dass wir nichts gegen sie machen können und dass „ich" nun mal so bin. Solche Grenzen zu akzeptieren ist nicht nur sinnvoll und freundlich, sondern sogar ein Ausdruck hoher Kompetenz im Umgang mit sich selbst. Dieses Sicherforschen gerade an den vermeintlichen Schwächestellen, die in einer Leistungsgesellschaft unerwünscht zu sein scheinen, hat etwas Aufregendes, wenn wir ihm diese Bedeutung geben. Wenn wir wissen, was wir brauchen (wo wir „bedürftig" sind; wo wir unsere Grenzen haben), können wir für uns sorgen oder uns bei anderen Unterstützung holen (s. a. Radecki 2015). Wenn wir wissen, was wir können und wo wir Herausforderungen suchen, können wir dies auch anbieten und kommunizieren.

3.2 Fallstricke beachten: Übertreibung, fremdbestimmte Ziele, ungünstige Vergleiche

In meinen Coachings sind regelmäßig Führungskräfte, die auf die obere Führungsebene kommen möchten und denen geraten wurde, ein Coaching in Anspruch zu nehmen. Hier ist oft Selbstmarketing oder eine klare Positionierung auch gegenüber höheren Ebenen ein Thema, das vom jeweiligen Vorgesetzten vorgeschlagen wurde. Das ist wunderbar, denn ein Coaching ist ein geschützter Raum für ein entsprechendes Erforschen. Und obwohl die Auftragsklärung oft gar nicht mit dem Vorgesetzten und dem zuständigen Personalreferenten geschieht und das Unternehmen die Gestaltung relativ freilässt, erleben manche Coachees den Druck, fremde Ziele abzuarbeiten. Sie sehen sich im Rahmen von Umstrukturierungen, Umsetzungsprozessen nach Beraterauftrag oder Unternehmenszusammenschluss neuen Kennzahlen, Vorgaben und Strategieworten verpflichtet und übernehmen diese Aspekte als ihre Ziele. Oftmals gilt es aber, erst noch ein paar Ehrenrunden zu drehen und zu einer eigenen Übersetzung dieser Vorgaben zu finden. Was ist im Rahmen des Möglichen tatsächlich erreichbar, und darf man das aussprechen? Gibt es eine Hidden Agenda? Wie stabil ist die derzeitige Entwicklung? Wer gehört momentan zum Unterstützerteam? Hier gilt es, zu einer aktiven Haltung zu finden – gelingt dies, kann man sich authentisch auf diese neuen Zielvorgaben und übergeordneten Entwicklungen beziehen und sie für das Selbstmarketing nutzen.

Wenn wir den Schritt überspringen, auf unsere ambivalenten Gefühle beim Ausfüllen von Fragebogen und Listen zu achten, wie in der Einladung weiter oben vorgeschlagen, wenn wir die Widersprüche in unserer Person oder in unserem Unternehmen zu locker zur Seite schieben, dann entsteht im ungünstigen Fall eine nichtssagende Präsentation mit Parolen, die gern gehört werden – und das Einzige, das mit uns zu tun hat, ist, dass wir die Person sind, die diese Parolen zum Besten gibt. Also: Als wer starten Sie? Wofür setzen Sie sich dem Aufwand aus, sich zu betrachten und zu verworten? Wo sind Ihre Grenzen? Erleben Sie Grenzen, die Sie stören? Und könnte es sein, dass es Restriktionen gibt, die eigentlich ursprünglich konstruktiv – als Leitplanken – gedacht waren?

> **Einladung zum Nachdenken und Ausprobieren**
> Wer dazu neigt, bereitwillig alles zu geben oder ständig anderen nachzueifern, könnte sich dem Stärken-Schwächen-Profil ein anderes Mal zuwenden und sich zunächst sehr boden- und herznah fragen: Was mache ich gut, und was tue ich gern? Und wofür tue ich das? Erstellen Sie dazu Ihr Ich-bin-Fan-von-mir-selbst-Profil. Sie könnten Ihren Partner, Ihre Chefin, Ihre Mitarbeiterin, Ihren Lieblingskollegen nach diesen Aspekten fragen. Sie können sich aber auch selbst die Frage beantworten: Was an mir macht mich stolz, zufrieden, ruhig, stark, lässt mich aufatmen?

Das mache ich gut:
- _____
- _____
- _____

Das tue ich gern:
- _____
- _____
- _____

Das mache ich nicht so gut:
- _____

Das tue ich nicht so gern:
- _____

3.3 Das Ziel bestimmen und an den übergeordneten Werten orientieren

Werbeprofis finden durch ein Stärken-Schwächen-Profil mehr über ihr zu bewerbendes Produkt heraus. Haben Sie inzwischen mehr darüber herausgefunden, wer Sie sind (und wenn ja, wie viele, s. a. Precht 2012) und für was Sie sich beruflich vernehmlich einsetzen wollen? Im Rahmen des Themas Selbstmarketing geht es darum, da tätig zu werden, wo Sie sich stark und fähig fühlen. Sehen Sie sowohl Ihre persönlichen Visionen und Werte als auch Ihre konkreten Ziele, die Sie im Job erreichen wollen.

Beim Wandern folgen Menschen bekanntlich unterschiedlichen Strategien: Man kann
1. drauflos wandern und Freude daran entwickeln, dass man sich verläuft und (nur) dadurch eine schöne Quelle mitten im Wald findet,
2. sich überlegen, wo man hinwill, eine Wanderroute wählen, Proviant und Gefährten mitnehmen und sich daran erfreuen, dass man die Sehenswürdigkeiten der Route gesehen hat und ungefähr zur geplanten Zeit da ankommt, wo man hinwollte.

Wenn Sie mit Ihrer Imagebildung starten wollen und noch nicht wissen, wie das geht, können Sie es genauso machen: Sie können losmarschieren und schauen, was sich ergibt, wem Sie begegnen und was passt. Oder Sie können sich Ziele setzen, die Sie erreichen können, und sich nach Ihrem Erfolg überlegen, ob Sie diese Strategie für weitere Ziele beibehalten oder kleinere oder größere Kursänderungen vornehmen wollen.

Im direkten Kontakt im Rahmen eines Coachings oder einer kollegialen Beratung wird man vielleicht den ersten Weg wählen und sich in vielen Feedbackschleifen forschend weiterbewegen. Im Rahmen dieses Kapitels verfolgen wir im Weiteren die zweite Variante: Wir entwickeln eine klare Handlungsvision für Ihr Selbstmarketing.

Ein Beispiel aus der Praxis

Die Leiterin der Ergotherapie einer Klinik definiert ihr nächstes Ziel für das Selbstmarketing: „Ich werde im Verlauf eines Jahres, genauer gesagt bis zum 10.6., meine Führungsposition intern sichtbarer machen und zur Stärkung einer Kultur des Miteinanders einsetzen. In der Organisationszeit bis zum Tag der offenen Tür unserer Klinik am 28.9. werde ich mich aktiv beteiligen und so bei Ärzten, Krankenhausdirektor und Geschäftsleitung als kompetente Fachkraft mit Blick fürs Gesamte auftreten."

> ### Einladung zum Nachdenken und Ausprobieren
>
> Definieren Sie Ihr Ziel bei der Werbung in eigener Sache. Nehmen Sie dazu Ihre oben notierten privaten und beruflichen Stärken und Schwächen zur Hilfe. Seien Sie dabei so konkret und selbstbestimmt wie möglich, und visieren Sie etwas an, das Sie selbst erreichen können.
>
> Meine Stärken im **Privaten**
> – _____
>
> Meine Stärken im **Job**
> – _____
>
> Meine Schwächen („Probleme", Herausforderungen) im **Privaten**
> – _____
>
> Meine Schwächen („Probleme", Herausforderungen) im **Job**
> – _____
>
> Aus der Analyse meiner Stärken und Schwächen nehme ich **persönlich** Folgendes mit:
> – _____
> – _____
> – _____
>
> Aus der Analyse meiner persönlichen Stärken im Privaten und im Job leite ich folgende **professionelle Ziele beim Selbstmarketing** ab:
> – _____
> – _____
> – _____

Ein Ziel ist dann gut gewählt, wenn es uns über eine gewisse Zeitspanne anspricht, motiviert, anzieht. Wir merken schnell, ob wir Lust haben, Energie hineinzustecken, und dranbleiben, wenn sich Schwierigkeiten ergeben.

Manche Menschen bemerken bei ihrer Stärken-Schwächen-Analyse, dass sie sich zunächst im Privaten ein Ziel setzen möchten. Dann gilt es abzuwägen, ob dieser Punkt Priorität hat. Jemandem wird z. B. bewusst, dass er sich, um sich persönlich weiterzuentwickeln, dem Thema Selbstbewusstsein widmen möchte; er wünscht sich einen Reflexionsimpuls, weil er bisher gewohnt ist, im Hintergrund zu arbeiten und anderen den öffentlichen Auftritt und die Durchsetzung zu überlassen. Eine andere Person weiß, dass sie keinen Kopf für Themen wie Image und Wirkung im Beruf hat, solange die Finanzierung für das Einfamilienhaus nicht steht. Gunther Schmidt (2015) spricht dabei vom Entwickeln einer Selbststeuerungsposition. Es ist wohltuend und wirkungsvoll, wenn wir sowohl unsere widersprüchlichen Interessen stehen lassen können als auch eine regelnde Instanz in uns haben, die Bewertungen vornehmen und reife Entscheidungen treffen kann, eine Instanz, die verschiedenen Anteilen in uns einen Raum und eine Stimme gibt.

Also: Sofern angemessen und möglich, entwickeln Sie ein Ziel für das Selbstmarketing im Job. Vergegenwärtigen Sie sich regelmäßig, ob das, was Sie anzielen, die gewünschte Wirkung zeigt. Es geht dabei nicht um eine starre Haltung, ein Festhalten an Strukturen und Statussymbolen, sondern um ein vitales Selbstbewusstsein, das sich verändert.

Ein fester Stand in eigener Sache ist auch noch aus einem anderen Grund wichtig: Ihr Ziel für das Selbstmarketing steht in Wechselwirkung mit anderen Ebenen von Zielen. Zielkonflikte entstehen z. B. durch Ihre Sicht der Performance Ihrer Abteilung und durch die Vorgaben des Unternehmens. Auf der Ebene Ihres Arbeitsauftrags wird Erfolg an der Erreichung des Sachziels sowie an der Einhaltung von Kostenziel und Terminziel gemessen. Steuern Sie aktiv: Was ist Ihre Handlungsrichtung? Wo wollen Sie pragmatisch hin? Was wäre noch möglich und anzupeilen für eine Kooperation in Richtung gemeinsamer übergeordneter Ziele? Wo ungefähr positionieren Sie den Interessenausgleich mit Menschen, die das anders sehen? Prüfen Sie: Gibt es Kollisionen zwischen eigenen Zielen und Zielen des Unternehmens?

Ein Beispiel aus der Praxis

Eine Senior Referentin kennt ihre Schwierigkeit, sich selbst gut zu „verkaufen". Obwohl sie in ihrer Rolle als hoch qualifizierte Spezialistin für die Qualität ihrer Arbeit Ansehen bei Kollegen und Chefs genießt, ihre Stärken also bekannt sind, ist sie bislang nicht häufiger ge- oder befördert worden als Kolleginnen und Kollegen ohne diese Expertise. Stattdessen sind ihr ihre Schwächen bewusster. So haben schon mehrmals direkte Vorgesetzte Lorbeeren für einige ihrer wirklich guten Konzepte und Ideen kassiert, ohne dass sie für die Urheberschaft trommeln konnte. Sie ist unzufrieden, weil sie nicht von ihren Stärken profitieren kann und auf der Stelle tritt. Da sie schon viel reflektiert und sich weitergebildet hat, kennt sie ihr Potenzial und sieht es als noch nicht ausgeschöpft an. Daher ist ihr nächstes Ziel, Selbstmarketing als Stellschraube zu nutzen, um besser „gesehen" zu werden und weiterzukommen.

3.3 · Das Ziel bestimmen

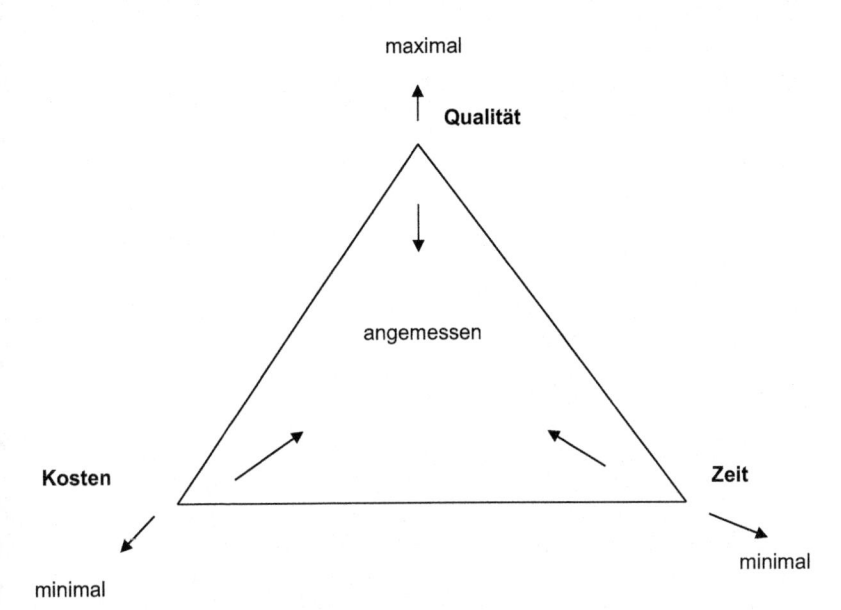

Abb. 3.1 Ziele stehen oft in Konflikt mit anderen Zielen

Zielkonflikte

In ▶ Kap. 7 werden wir uns Konflikten zuwenden. Ich werde Sie dazu einladen, Konflikte weder zu scheuen noch Inhalte durchzuprügeln, sondern schlicht bei dem zu bleiben, wofür Sie eintreten. Andere dürfen andere Ziele verfolgen – das ist normal. Und wer über den oben erwähnten festen Stand verfügt, wird Reibung sportlich nehmen oder sie zumindest nicht näher als nötig an sich heranlassen. Am Ende wollen viele von uns nur das Beste für das Team, das Produkt, das Unternehmen. Allerdings stehen in allen wirtschaftlichen, industriellen, dienstleistenden Zweigen mindestens drei Ziele miteinander in Konkurrenz (◘ Abb. 3.1):

- **Sachziel**: Ein Produkt oder eine Leistung soll möglichst gut sein; die Qualität soll erreicht werden.
- **Kostenziel**: Die Kosten sollen naturgemäß möglichst gering sein, zumindest sollen die budgetierten Kosten eingehalten werden.
- **Terminziel**: Die Leistung soll in kürzester Zeit erbracht, geschafft, realisiert sein.

Dieses Zieldreieck (◘ Abb. 3.1) gerät z. B. unter Spannung, wenn ein Unternehmen gleichzeitig mehrere Ziele verfolgt. Ein modisches Top für die Sommerkollektion soll von maximaler Qualität sein, in der Herstellung wenig kosten (dem Kunden könnte man es dann wegen der hohen Qualität hochpreisig verkaufen) und sofort lieferbar sein. Ob das gelingt? Ein anderes Beispiel: Das Wohl des Patienten soll an erster Stelle stehen, die Versorgungskosten sollen allerdings sinken, und die Verweildauer in der Klinik soll reduziert werden. Kommt Ihnen das bekannt vor?

Das Thema Zielkonflikte wird uns nicht davon abhalten, eigene Ziele zu verfolgen. In Ihrem Alltag werden Sie es gewohnt sein, „mehreren Herren zu dienen". Verlieren Sie die folgenden Fragestellungen nicht aus den Augen:

- Welches Ziel hat für Sie Priorität?
- Was ist Ihre Handlungsrichtung?
- Wen brauchen Sie dazu, oder wen vertreten Sie damit?
- Haben Sie Alternativen?
- Wo ungefähr könnte ein Interessenausgleich nötig sein?
- Gibt es Transparenz und Zugang zu wichtigen Informationen?
- Was haben Sie zu sagen? Wem gegenüber?
- Rechnen Sie mit Überraschungen?

Zielbestimmung ist Arbeit. Denn sie fordert Sie auf, Prioritäten zu setzen. Sie wandern entweder *mit* oder *ohne* Wanderkarte – entscheiden Sie. Steuern Sie persönliche Visionen und berufliche Vorhaben, erreichen Sie Unternehmensziele, und – im Rahmen des Selbstmarketings – sprechen Sie für sich. Gönnen Sie Ihren Kollegen, Kunden, Mitarbeitern, dass sie wissen, mit wem sie es zu tun haben.

■ Und meine Schwächen?

Meldet sich jetzt in Ihnen eine Stimme, die fragt: „Und meine Schwächen, was ist mit denen?", dann klopfen Sie sich auf die Schulter für Ihre ausgeprägte Kompetenz, auch vermeintlich unpopuläre Stimmen in Ihrem inneren Team zu hören. Manche Themen können wir angehen, indem wir ihnen direkt begegnen. Wenn Sie im Supermarkt nicht die oberste Packung aus dem Angebotsstapel nehmen, sondern eine Packung weiter unten herausziehen, wird der Stapel in Bewegung geraten. Eine neue Ordnung entsteht. Wir wissen in dem Moment aber noch nicht, welche Ordnung entstehen wird. So ist das auch mit uns selbst. Wir können bei unserer obersten Schicht anfangen, uns sozusagen eine Packung „Ich" vom obersten Stapel greifen und kennenlernen. Wollen wir aber „tiefer" ansetzen, fragen wir uns nach dem Sinn, nach unserer Integrität, nach unserer Verbundenheit mit unserem Leben und dem Leben anderer und greifen uns sozusagen eine Packung „Ich" heraus, die uns gerade magisch anzieht, auch wenn dadurch der ganze Stapel in Bewegung gerät. Etwas über diese eine Packung zu erfahren hat dann für uns mehr Priorität als z. B. das Ziel, die Ordnung einzuhalten oder das zu tun, was man von uns erwartet.

Ein Beispiel aus der Praxis

In einem Selbstmarketing-Seminar für Unternehmensgründer kommt ein Teilnehmer ins Grübeln, als ihm Folgendes klar wird: Er kann derzeit keine klaren, positiven Botschaften

3.3 · Das Ziel bestimmen

über sich formulieren; seine Einkommensbilanz ist durch seine Familiensituation so bedrohlich, dass er zunächst seine Existenz sichern muss. Er empfindet das Thema Selbstmarketing plötzlich als Luxusproblem, das für ihn gerade gar nicht relevant ist. Und diese Erkenntnis ist keine Schwäche. Sie zeigt einfach, was derzeit für ihn wichtig ist: die Stabilisierung seiner Existenz, eine Haltung zum Leben, das Errichten von Pfeilern, auf denen sein Leben und das seiner Familie künftig ruhen sollen.

■ Das Gleichgewicht herstellen

Unser Arbeitsleben ist immer nur ein Teil unseres Lebens – sowohl bezogen auf die eingesetzten Stunden als auch bezogen auf die Bewertung dieser Stunden. Vor einigen Jahren galt ein Trend der Frage nach der Work-Life-Balance (s. a. Seiwert 2011), und obgleich dieses Schlagwort inzwischen von anderen Begriffen abgelöst wurde, ist das Bedürfnis nach Balance geblieben. Für jede und jeden bedeutet Arbeit etwas anderes, z. B. Einkommenserwerb, Selbstentwicklung, Einflussnahme, Macht. Und doch ist sie nur eine Säule neben anderen, auf denen unser Leben ruht:

- **Arbeit:** z. B. Berufsausübung, Erfolgserleben, Geldverdienen, Selbstentwicklung
- **Soziale Kontakte:** z. B. Freunde, Familie, Team, Anerkennung, Zugehörigkeit
- **Körper:** z. B. Entspannung, Ernährung, Fitness, Gesundheit, Wohlbefinden
- **Sinn:** z. B. religiöse Anbindung, Erfüllung, Nachhaltigkeit, Verbundenheit.

Nimmt eine dieser Säulen zu wenig oder zu viel Raum ein, kann das Leben in eine Schieflage geraten (◘ Abb. 3.2). Das ist zunächst nicht dramatisch, denn manche Lebensphasen bringen es mit sich, dass ein Aspekt mehr Platz einnimmt, z. B. die Säule „Arbeit" bei einem Arbeitsplatzwechsel oder die Säule „Soziale Kontakte" nach der Geburt eines Kindes. Bringen Sie sich in die Lage, dass Sie selbst bestimmen können, was für Sie gerade Priorität hat. Akzeptieren Sie, wie es ist, und übernehmen Sie die Verantwortung dafür – auch wenn das oft leichter notiert als umgesetzt ist.

■ Schwächen als Stärke?

In diesem Buch geht es darum, Ihnen einen flexiblen Zugriff auf die Kompetenzen zu ermöglichen, die Sie in Ihrem Beruf zur Verfügung stellen und zum Ausdruck bringen. Das ist also der Blick auf eine der oben genannten Säulen. In ▶ Abschn. 5.1 werden Sie noch etwas über die kommunikativen Aspekte der vermeintlichen Schwächen erfahren, in ▶ Abschn. 7.1 etwas über die Möglichkeiten, in Konflikten mit Schwächen umzugehen. Vermeintliche Schwächen können auch Stärken sein. Eine erste Bedingung dafür ist die Annahme, dass es bedeutsam ist, eigene Schwächen, Selbstzweifel, Widersprüche zu kennen und sie ins Gesamtbild einordnen zu können. Manchmal empfinden wir etwas als Schwäche, das sich in einem anderen Umfeld als Kompetenz zeigt. Ein Beispiel: Eine umsichtige, diplomatische Führungskraft erlebt, dass sie sich bei einem aggressiv verhandelnden Geschäftspartner nicht durchsetzen kann, und zieht daraus den Schluss, dass sie Neinsagen lernen muss. In diesem Moment wert-

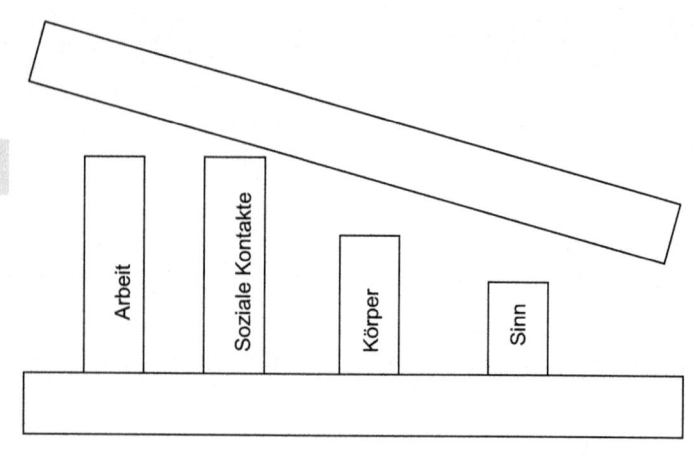

Abb. 3.2 Gleichgewicht herstellen: Wenn ein Aspekt zu stark oder zu wenig entwickelt ist, gerät das Leben in eine Schieflage

schätzt sie nicht, dass ihr kooperativer Stil sehr oft zum Erfolg führt und dass sie in vielen Situationen sehr wohl Nein sagen kann.

Könnte es einladend sein, anzunehmen, dass wir Menschen nicht nur funktionieren, sondern dass wir unsere Grenzen haben und von Menschen umgeben sind, die ebenfalls Grenzen haben? Zu einem stabilen Leben gehört ein Gleichgewicht zwischen den einzelnen Lebensaspekten oder „Säulen". Und oft findet man die Lösung für ein Problem, wenn man sie an einer anderen Stelle im System sucht. Ein solcher Blick kann entlasten. Er kann zeigen: Das, was wir gerade als Schwäche sehen oder als belastend empfinden, bezieht sich auf *einen* Aspekt oder *eine* Situation unseres Lebens. In einer anderen Situation haben wir ein ganz ähnliches Problem schon ganz anders lösen können.

Ein Beispiel aus der Praxis

Die Abteilungsleiterin einer diakonischen Einrichtung ist schwer aus der Ruhe zu bringen, hat den Überblick und weiß ihre Leute selbst bei unpopulären Entscheidungen hinter sich zu bringen. Nur wenn das Pflegeheim anruft und ihr mitteilt, ihre demente Mutter sei im Bad gestürzt, was derzeit öfter geschieht, reagiert sie nervös und fahrig, auch im Job. Nach zwei solcher Situationen, über die sie sich selbst sehr geärgert hat, hat sie umgeschaltet. Sie will nicht, dass ihr Privatleben in ihre Arbeit hineinfunkt. Aber sobald sie merkt, dass sie nervös ist, erzählt sie Mitarbeitern, was privat bei ihr los ist. Das wird ihr keineswegs als Schwäche ausgelegt, im Gegenteil: Dass sie plötzlich auch mal etwas Privates preisgibt, bringt ihr Sympathiepunkte ein.

3.4 Sichtbar werden und über die eigene Leistung sprechen

Angenommen, in diesem Selbstmarketing-Experiment wüssten Sie jetzt über Ihre Stärken und Ziele Bescheid. Der nächste Schritt lautet dann: Lassen Sie andere davon wissen. Und damit das gelingt, werfen wir wieder einen Blick in die Werbewelt.

Im Marketing definiert man herausragende Leistungsmerkmale für ein Produkt, das man der Öffentlichkeit präsentieren will: Man nennt sie „unique selling proposition" oder „unique selling point", kurz: USP. Stellt man mehr den Wert und Nutzen für den Kunden heraus, spricht man von UCVP („unique customers value proposition" oder „unique customers value point") – der Kunde wird dabei zum Wertschöpfungspartner.

Ihnen scheint das zu weit hergeholt? Weil Sie in einem Berufsfeld arbeiten, in dem wenig „unique", also einzigartig, ist? Machen Sie es sich einfach: Die Botschaft dieses Buches ist nicht, Werbefachmann zu werden, sondern besteht darin, sich etwas strukturierter, vielleicht an einigen Stellen auch mutiger und pointierter den eigenen Vorteilen zuzuwenden. Wenn es Ihnen nicht liegt, einzigartig, also „unique", zu sein, können Sie den Fachjargon der Werber auch umformulieren. Sprechen Sie statt von „unique" von „my" (meinen) oder „our" (unseren) „selling points": Ihren Leistungsmerkmalen und denen Ihres Teams.

Die Einladung: Finden Sie Kernbotschaften für sich, Ihr Team, Ihr Produkt, Ihr Unternehmen. Was leisten Sie, das besonders ist? Das Marketing setzt hier eine Konkurrenzanalyse an. Für Fortgeschrittene kann deshalb die Frage beflügelnd sein: Was unterscheidet Sie von „Wettbewerbern", was ist Ihr „Alleinstellungsmerkmal"?

Wer auf die Frage nach der eigenen Wirkung mit Skepsis reagiert, versteht das Experiment aber bitte anders: Vergleichen Sie sich vorerst *nicht* mit anderen Experten Ihres Berufs, sondern haben Sie im Blick, was Sie dem, den Sie ansprechen, Besonderes zu bieten haben. Sie können in Ihre kurzen Botschaften auch das einstreuen, was andere bereits an Positivem über Sie sagen.

▪ Legen Sie los

Wahrscheinlich ist das Folgende eine Fingerübung für Sie. Wenn Sie sie zum ersten Mal ausprobieren, lohnt es sich, ein halbes Wochenende dafür einzuplanen und in sich zu gehen. Es geht darum, drei bis fünf USPs (also „unique" oder „my" oder „our" selling points") zu formulieren. Das genügt, denn Wahrnehmungspsychologen haben herausgefunden, dass man drei bis fünf Kurzbotschaften aufnehmen und verarbeiten kann – mehr nicht. Aber darum geht es ja: Dass am Ende der, den Sie im Auge haben, im Schlaf aufsagen kann, was Sie leisten, was an Ihnen besonders ist und dass Ihre Leistung ihr Geld wert ist. Und so gehen Sie vor:

- Sie legen fest, worin Ihre besonderen Leistungsmerkmale bestehen.
- Sie nennen Fakten, keine Allgemeinplätze.

- Sie formulieren, was das Besondere an Ihrem Angebot, an Ihrer Leistung, an Ihrer Persönlichkeit, an der Leistung Ihres Teams ist. Sie knüpfen an das an, was andere bereits an Positivem über Sie sagen. Sie bestimmen, was über Sie öffentlich werden soll.
- Sie definieren, wozu Sie sagen können: „Dafür stehe ich."

Dieser Schritt ist nicht einfach. Ein Geschäftsführer eines mittelständischen Unternehmens beschrieb sein Scheitern bei der Aufgabe, spontan seinen Führungsstil zu beschreiben. Nach seinen Worten „macht" er es einfach, das Führen. Wegen einer anstehenden Firmenübernahme wollte er aber entsprechende Aussagen treffen können. Das heißt: Er war motiviert, seinen Führungsstil zu definieren, ihn in eine Botschaft zu packen und auszusprechen.

Manchem mag es gegen den Strich gehen, sich dabei auf leicht einprägsame Fakten beschränken zu müssen. Sie finden, Sie sind mehr als diese Botschaften? Sehr richtig. Dieser Schritt soll es *Ihrem Gegenüber* leichter machen: Sprechen Sie aus, was er oder sie sich von Ihnen merken soll.

Ein Beispiel aus der Praxis

Eine männliche Nachwuchsführungskraft berichtet, dass ihm der Fotograf immer leidgetan hätte, wenn er wieder mal ein Bewerbungsfoto beauftragt habe: Kein Foto habe ihn zufriedenstellen können. Er hatte sich noch nicht auf seine Botschaft festgelegt. Die Fotos, die er von den Fotografen bekam, waren es alle nicht. Er zahlte die Rechnung und zog weiter zum nächsten Fotografen. In einem Studio wurde er gefragt, in welchem Beruf und auf welche Position mit welchem Gehalt er sich bewerben wolle. Zusammen mit der Fotografin arbeitete er heraus: „intelligent, neugierig, agil, sympathisch, durchsetzungsstark" – so sollte er auf dem Foto wirken. Mit diesem Foto bekam er die nächste Stelle, und zwar nicht, weil ihm sein Gesicht auf dem Foto jetzt besser gefiel, sondern weil das Foto die „richtige" Botschaft vermittelte.

Ein Beispiel aus der Praxis

Ein Personalberater arbeitete in Schritten an seinem USP. Er wollte auf authentische Weise seine Stärken hervorheben und formulierte erste Kernbotschaften zu sich und seinen Kompetenzen: „Forschung und Strategien für die Personalentwicklung", „kompetenter Berater für Führungskräfte". Stark fand er eine Formulierung, zu der er in einem nächsten Schritt fand: „Ich stehe bei meiner Arbeit für hochwertige, zukunftsfähige und nachhaltige Personalentwicklungskonzepte sowie für langjährige Erfahrung und Know-how in Personal- und Führungskräfteentwicklung. Bei meiner Arbeit begeistert es mich, wenn ich mich als Experte für PE konzeptionell und beratend zum Nutzen der internen Kunden einbringen kann."

3.4 · Sichtbar werden

> **Einladung zum Nachdenken und Ausprobieren**
> Finden Sie Worte für das, was an Ihnen, Ihrem Team, Ihrem Produkt wichtig und nützlich ist. Entscheiden Sie bei dieser Übung zunächst, für was genau Sie USPs oder UCVPs finden möchten. Sollte es Ihnen leichter fallen, diese USPs in Bezug auf bestimmte Menschen oder Gruppen (Ihre Mitarbeiter, einen bestimmten Vorgesetzten, eine Berufsgruppe) zu formulieren, so machen Sie das (ansonsten mehr dazu in ▶ Kap. 6). Fragen Sie sich: Was sind die drei bis fünf wichtigsten Vorteile und Besonderheiten Ihrer Leistung oder der Leistung Ihres Teams? Zunächst geht es um allgemeine Vorteile und Besonderheiten Ihrer Leistung.
> 1. _____
> 2. _____
> 3. _____
> 4. _____
> 5. _____

Etwas über sich selbst zu sagen fällt vielen Menschen schwer. Das mag erstaunen, wenn man bedenkt, wie viel Verantwortung Menschen tragen, die dauernd Entscheidungen treffen – und dafür sehr wohl Worte finden. Sind wir ausgeglichen, können wir über uns Auskunft geben, andere mit Worten und Gesten mitreißen, sie begeistern, berühren, entführen. Sind wir aber im Stress und sind nicht ganz bei uns, fällt uns gelegentlich nichts ein, wir werden sprachlos oder aber empfinden es als bedrohlich, etwas Relevantes von uns zu zeigen, und schweigen dann lieber. Es ist, als würden innere Anteile von uns miteinander diskutieren, es erscheint uns dann vielleicht unmöglich, uns auf eine Kernbotschaft zu beschränken, und jede Botschaft, zu der wir finden, wird kraftlos vor dem inneren Wenn und Aber. Wir haben uns an diese inneren Diskussionen gewöhnt, auch daran, uns selbst zu blockieren, nur nennen wir es nicht so. Wir gehen damit unterschiedlich um. Einige lassen los und bleiben im Außenkontakt. Sie nehmen dabei hin, dass ihre Beiträge nicht den Punkt treffen. Andere bleiben in diesem inneren Disput hängen und würden erst nach außen gehen, wenn sie zu einer Lösung gefunden haben. Hier hilft es, das Muster zu unterbrechen und andere Wege zu gehen.

▪ Kreativ werden statt sprachlos

Werbefachleute nutzen zur Musterunterbrechung gelegentlich Kreativtechniken, um zu einem Slogan zu gelangen (s. a. Nöllke 2015). Ein solcher Slogan soll dann nicht bloße Worthülse sein, sondern ein Produkt oder eine Leistung so beschreiben, dass man sich gleich daran erinnert und weiß, worum es geht.

Wenn Sie Ihre Liste mit Ihren Stärken aus ▶ Abschn. 3.1 durchsehen, finden Sie möglicherweise ein Stichwort oder eine Assoziation, das oder die Sie weiter ausformulieren wollen. Sie sind Expertin und sehen ein Produkt der Zukunft? Also können Sie Ihr Team inspirieren oder in Zeiten der Veränderung Halt geben? Sie sind gut vernetzt und in wichtigen Gremien als Performer gefragt? Also sind Sie Ansprechpartner für Kollegen im Dienste des gemeinsamen Ziels? Oft benennen wir unsere Qualitäten mit einem Adjektiv oder Substantiv, das für uns sprechend ist – überprüfen Sie, ob es jemand anderem auch etwas sagt. Überlegen Sie, ob Sie Ihre Kernbotschaft mit einem Gefühl oder einem Bild verbinden können, das Ihr Gegenüber positiv bewertet.

▪ Brainstorming testen

Sie können sich noch einer weiteren Technik bedienen, wenn Sie Kernbotschaften über Ihre Leistung finden möchten. Schreiben Sie in einem Brainstorming alles auf, was Ihnen zu Ihrem Selbstmarketing-Anlass einfällt. Sortieren Sie nicht, bewerten Sie nicht. Bilden Sie dann direkte Aussagen. Sie haben notiert: „hochwertig, zukunftsfähig, nachhaltig"? Dann formulieren Sie jetzt direkt: „Ich, Martin Meyer, stehe als Führungskraft für hochwertige, zukunftsfähige und nachhaltige Konzepte." Sie können Ihre Botschaft auf Authentizität prüfen, indem Sie die grammatische Form verändern: „Du, Martin Meyer, stehst als Führungskraft für hochwertige, zukunftsfähige und nachhaltige Konzepte." Und: „Martin Mayer steht als Führungskraft für hochwertige, zukunftsfähige und nachhaltige Konzepte." Und? Wie hört sich das an? „Stimmt" es? Herzlichen Glückwunsch, Sie haben eine Kernbotschaft gefunden, die Ihre Stärken in Worte fasst und ab sofort in Ihren aktiven Sprachgebrauch gehört.

▪ Die Tante aus Amerika

Kernbotschaften finden Sie auch, wenn Sie sich auf ein Gegenüber konzentrieren, das Ihren Arbeitskontext nicht kennt. Erzählen Sie z. B. Ihrer „Tante aus Amerika", wie und womit Sie im Job glänzen. Seien Sie nicht zu allgemein, sondern konkret und verständlich. Das Ergebnis wird keine Aufstellung von USPs sein, die Sie im Job einsetzen werden, aber der Weg dorthin wird Ihnen klarmachen, welche Leistungen sich für eine Präsentation eignen. Für Ihre Tante aus Amerika werden Sie diese Präsentation Ihrer Tätigkeit eher oberflächlich anlegen – in einem anderen Kontext werden Sie dann bei Bedarf Durchsetzungsstärke, Detailtiefe und Qualität entfalten können.

Probieren Sie bei Ihrer Tante aus Amerika aus, ob es „sitzt". Mentales Training hat seinen ganz eigenen Reiz – Ihr mentaler Plausch mit der fiktiven Tante wird Sie vielleicht erheitern. Gehen Sie einen nächsten Schritt, und wechseln Sie von der Vorstellung ins Tun: Testen Sie Ihre Anliegen an der Wirklichkeit, und sprechen Sie laut mit Ihrer nicht anwesenden Tante. Hören Sie sich zu, und entscheiden Sie selbst, ob Sie überzeugend klingen.

In ▶ Kap. 6 wird es darum gehen, Ihre Botschaft konkret und an einem Gegenüber orientiert zu formulieren. Es wird um Ihren Kunden, Ihre Chefin, Ihre Kollegen gehen – oder wen auch immer Sie im Blick haben. Hier hingegen geht es noch behaglich zu: Ihre USPs „sitzen" umso besser, je genauer Sie Ihr Angebot kennen und je greifbarer Ihnen Ihre Kompetenzen sind.

3.4 · Sichtbar werden

■ Elevator Speech

Eine weitere Hilfe im Formulieren von Werbebotschaften in eigener Sache ist die sog. Elevator Speech, die „Aufzugsrede". Stellen Sie sich vor, Sie fahren mit dem Vorstandschef im Aufzug. Sie wollen im siebten Stock raus, er in Stock 23. Ihnen bleiben 30 Sekunden, um Ihrem Chef etwas zu sagen, was garantiert bei ihm hängen bleibt, etwas, das er in der nächsten Zeit mit Ihrer Person und Ihrer Leistung verbinden wird. Na? Was wäre das?

■ Küchenzuruf

Auf Henri Nannen, den langjährigen Chefredakteur des *Stern*, geht das Konzept des Küchenzurufs zurück. Frei erzählt: Ernst sitzt bei Zeitung und Bier im Wohnzimmer, Hilde kocht in der Küche. Ernst liest einen Artikel über die Benzinkosten und ruft Hilde zu: „Die Spritpreise sind schon wieder gestiegen. Da siehst du mal, wie die Ölkonzerne von der Situation profitieren." Ein Zweizeiler über die Kernbotschaft des Textes – nicht unbedingt tiefschürfend, aber verständlich. Oder müssten wir jetzt erst Hilde fragen, was sie verstanden hat und ob es sie überhaupt interessiert?

Sie können dieses Konzept für sich nutzen: Sie haben ein Gegenüber. Ihr Anliegen mag groß und kompliziert sein, Ihre Lösung haben Sie sich in allen Details überlegt, aber wenn Sie sich auf das besinnen, worauf es Ihnen wirklich ankommt ..., dann sind Sie dem Ziel, eine Kernbotschaft zu formulieren und diese sozusagen verständlich in die Küche zu rufen, schon sehr nah.

■ Viele Rollen im Job – also viele Kernbotschaften?

In ▶ Kap. 6 werden Sie der Idee folgen können, über Ihre Person und Leistung so zu sprechen, wie es Ihr jeweiliges Gegenüber braucht. Zunächst jedoch geht es darum, bei Bedarf verschiedene Ebenen von Nutzen zur Sprache zu bringen. Wir alle bewegen uns im Job in unterschiedlichen Rollen. Und an jede dieser Rollen knüpfen die Menschen, denen wir begegnen, Erwartungen. Wollen Sie ab heute vernehmbarer für sich sprechen und mitmischen, so ist es wichtig zu erkennen, in welcher Rolle Sie sich gerade befinden und was das für Sie und Ihr Gegenüber bedeutet. Die Fachbegriffe dazu lauten „Rollenklärung" und „Flexibilität im Rollenverhalten" (s. a. ▶ Abschn. 6.1, Schwarz et al. 2012).

Ein Beispiel aus der Praxis

Der Leiter einer Klinikabteilung war früher auf der gleichen hierarchischen Ebene tätig wie sein Freund Peter. Damals waren sie Freunde und Kollegen, jetzt ist Peter sein Freund und sein Mitarbeiter. Vor allem in Stresssituationen ist es für den Leiter schwer zu unterscheiden, ob er als Chef gefragt ist oder ob er es sich gerade leisten kann, einfach Peters Freund zu sein. Seit Peter mit der stellvertretenden Leitung regelmäßig Auseinandersetzungen wegen der Ordnung in der Abteilung hat, ist für den Leiter ein Extraaufwand entstanden: Er muss sich fragen, in welcher Rolle er gerade unterwegs ist. Er kann nicht mehr aus dem Bauch heraus agieren, sondern hat den Eindruck, seine Worte dauernd auf die Goldwaage legen zu müssen. Er hat sich aufgerafft, klare Worte zu finden, die seine Funktion benennen, z. B.: „In der Leitung ist es mein Job, für die Ordnung der Einrichtung geradezustehen, deshalb ..." Seither geht es ihm besser, und seine Führungsrolle ist im Team klarer.

Sollten Sie verschiedene Rollen im Job einnehmen und sollten diese gelegentlich zu Rollenkonfusion führen, dann überlegen Sie: Brauchen Sie für jede Rolle eine eigene Kernbotschaft (USP/UCVP)? Oder brauchen Sie eher Schutzbotschaften, also Botschaften, die nicht den Raum für Ihre Selbstpräsentation öffnen, sondern die sowohl Ihr Gesicht wahren als auch das Ihres Gegenübers?

> **Einladung zum Nachdenken und Ausprobieren**
> Fragen Sie sich: Was ist meine Rolle, und welche Botschaft soll beim anderen ankommen? Und in einer bestimmten Rolle mit einem bestimmten Gegenüber: Was nützt das, was ich zu geben habe, meinem Gegenüber, und wie kann ich es vermitteln? Um die Übung zu präzisieren, einige kurze Beispiele:
> - Als **Leitung** kommunizieren Sie Ziele und Aufgaben, verantworten Entscheidungen, organisieren und kontrollieren, stellen die Kommunikation sicher. Überlegen Sie: Haben oder brauchen Sie eine diese Rolle stärkende Kernbotschaft? Wie lautet sie?
> - Als **Fachexpertin/Fachexperte** verfügen Sie über Erfahrung, vermitteln Sicherheit und sorgen für Effizienz und Effektivität. Überlegen Sie: Haben oder brauchen Sie eine diese Rolle stärkende Kernbotschaft? Wie lautet sie?
> - Als **Teammitglied** fördern Sie das Miteinander und die Identifikation, ermöglichen Konsens, helfen bei Konflikten. Überlegen Sie: Haben oder brauchen Sie eine diese Rolle stärkende Kernbotschaft? Wie lautet sie?
> - Als **Repräsentant/Repräsentantin Ihres Unternehmens** ist Ihnen die Organisation bewusst. Sie kennen Ihren Arbeitsauftrag, Engpässe und Zielkonflikte und vermögen aktiv die Haltung einzunehmen, die Sie brauchen, um das Unternehmen nach außen zu vertreten. Überlegen Sie: Haben oder brauchen Sie eine diese Rolle stärkende Kernbotschaft? Wie lautet sie?
> - In Ihrer Funktion als **Mitarbeiter/Mitarbeiterin** erreichen Sie vereinbarte Ziele in Rücksprache mit Ihrem Vorgesetzen. Überlegen Sie: Haben oder brauchen Sie eine diese Rolle stärkende Kernbotschaft? Wie lautet sie?
> - Für welche Rolle wäre es noch sinnvoll, eine Kernbotschaft vorzubereiten?

Fazit
Angenommen, eine Seite von Ihnen kann sich für das Experiment „Profil zeigen" begeistern: Dann fangen Sie noch heute an, über Ihre Leistungen, Werte, Visionen zu sprechen. Experimentieren Sie mit Kernbotschaften über sich: „Dafür stehe ich – als Führungskraft,

als Teil meines Unternehmens, als Mitarbeiter." Bleiben Sie authentisch. Es geht nicht um Behauptungen, sondern um Fakten, die für andere nachprüfbar sind. Formulieren Sie bei Bedarf Kernbotschaften (USPs) pro Projekt oder pro wichtige Person (s. a. ▶ Kap. 6). Gönnen Sie sich diese Erfahrung.

Literatur

Kaluza G (2015) Gelassen und sicher im Stress. Springer, Berlin/Heidelberg
Nöllke M (2015) Kreativitätstechniken. Haufe-Lexware, Planegg/München
Precht RD (2012) Wer bin ich – und wenn ja, wie viele? Eine philosophische Reise. Goldmann, München
Radecki M (2015) Nein sagen. Die besten Strategien. Haufe-Lexware, Planegg/München
Schmidt G (2015) Liebesaffären zwischen Problem und Lösung. Hypnosystemisches Arbeiten in schwierigen Kontexten. Carl-Auer, Heidelberg
Schwarz M, Schwarz I, Härri M (2012) SmartGuide Führung: 111 x schneller Zugriff auf das Führungswissen. ManagerSeminare, Bonn
Seiwert L J (2011) 30 Minuten Work-Life-Balance. Gabal, Offenbach

Entwickeln Sie eine effiziente Strategie, sparen Sie Energie

Monika Radecki

4.1 Was möchten Sie erreichen, was tun Sie dafür, und welche Auswirkungen hat das? – 45

4.2 Strategien für den Alltag – 46

Literatur – 52

© Springer-Verlag GmbH Germany 2017
M. Radecki, *Sprechen Sie für sich*, https://doi.org/10.1007/978-3-662-54639-0_4

Was Sie in diesem Kapitel erwartet
Vieles gelingt mit Routine, Erfahrung, einem guten Gespür für sich selbst und aus dem Bauch heraus. Damit auch Selbstmarketing-Einsteiger für ihren Werbeeinsatz eine günstige Wirkung verbuchen können, wird auf den folgenden Seiten eine Strategie entwickelt, die Sie mit etwas Überlegung und Wachheit leicht und ohne großen Aufwand umsetzen können. Außerdem erfahren Sie, wie Werbeagenturen vorgehen, wenn sie für eine Marke tätig werden: Sie agieren zu einem bestimmten Teil weit weniger kreativ, als man denken könnte – sie agieren systematisch. Holen Sie sich Ideen von den Profis, und sprechen Sie für sich.

▪ Profil entwickeln – mit System

Warum sollte sich eigentlich jemand für Sie und Ihre Kernbotschaft interessieren? Was wird sie oder er tun, wenn Ihr Angebot nützlich ist? Kommunikation wird hier serviceorientiert, d. h., Sie können sich gut vorbereiten. Die Chance, beim anderen anzukommen, steigt, wenn Sie nicht nur Ihre Botschaft verbreiten, sondern auch darauf achten, ob sie günstig beim anderen ankommt und der andere aufgeschlossen ist (zum Thema Kommunikation mehr in ▶ Kap. 5).

Vielleicht kann ich Sie für den Gedanken gewinnen, dass hier eine wertschätzende Grundhaltung gegenüber sich selbst und anderen sinnvoll sein kann. Die beteiligten Faktoren sind vielfältig und sehr individuell. Dieses Buch lädt Sie ein, im Sichtbarmachen Ihrer Leistung und Person etwas von sich und Ihren gewohnten Verhaltensmustern wegzurücken und stattdessen zu schauen, wie Fachleute in Agenturen, die Informationsvermittlung als Leistung anbieten, vorgehen.

Die folgende Metapher wird Ihnen geläufig sein: Wenn Sie einen Muskel trainieren wollen, schauen Sie ihn nicht dauernd an, sondern Sie tun etwas, das ihn in Anspruch nimmt. Und wenn Sie das systematisch und strategisch tun, wird Ihr Muskel stärker. In diesem Kapitel bekommen Sie eine Idee davon, mit welcher Strategie Sie Ihren Muskel „Selbstmarketing" aufbauen und einsetzen können.

Auch Werbe- und Presseagenturen lassen ihre Muskeln spielen, wenn sie für ein Produkt oder eine Information tätig werden. Sie gehen dabei zu einem bestimmten Teil ganz strategisch vor und unterscheiden zwischen Quantität und Qualität ihres Einsatzes. Sie führen Buch über ihre Kontaktaufnahmen zu Multiplikatoren, und sie unterscheiden zwischen Aktion und Ergebnis. Warum tun sie das? Sie wollen für sich und ihren Kunden Aktion und Erfolg dokumentieren und am Ende ihre Leistung in Rechnung stellen.

Ein Beispiel aus der Praxis
Eine Presseagentur kontaktiert in einer konzentrierten zweitägigen Aktion eine Reihe relevanter Zeitschriften, um über eine neue Smartphone-Generation zu informieren. Dabei und in einer Nachfassaktion zehn Tage später werden Gespräche mit den Redaktionen geführt.

Am Ende erscheinen einige Darstellungen und mehrere Kurznachrichten. Solche Aktionen starten standardisiert und werden mit dem konkreten Gegenüber weitergeführt – mit der entsprechenden Dokumentation.

4.1 Was möchten Sie erreichen, was tun Sie dafür, und welche Auswirkungen hat das?

Sie finden einen solchen Aufwand lästig? Wir Menschen sind so gestrickt, dass sich unsere Erinnerung an etwas verzerrt. Es ist normal und gut, dass wir die rosarote Brille aufsetzen, wenn es um uns selbst geht. In der Bewertung anderer sind wir oft gnadenloser. Wenn Sie eine Weile lang Ihre Aktionen und die Ergebnisse Ihrer Arbeit mit wichtigen „Kunden" (z. B. Kollegen auf gleicher Ebene, Mitarbeiter, Chefin) notieren, können Sie beobachten, was Sie eingesetzt und was Sie erreicht haben. Das Führen einer solchen Liste mag aufwendig sein, Sie ernten aber Erkenntnisse, z. B. sehen Sie: Ja, Sie achten tatsächlich auf den Informationsfluss in der Abteilung, aber Sie haben in der Zeit von drei Monaten nur dreimal (nicht hundertmal) in Teambesprechungen auf die Wichtigkeit von Protokollen hingewiesen. Oder: Sie führen ein Feedbackgespräch mit einer Führungskraft in einer kooperierenden Abteilung über ein Problem, das sich hartnäckig hält, notieren Zwischenschritte und sehen bereits nach sechs Wochen, dass Sie nur zweimal nachgehakt haben, bevor das Problem behoben war – in der Erinnerung hätten Sie die Haltung des Kollegen als wenig kooperativ beschrieben. Zweimal nachzuhaken war zwar nicht wirklich angenehm, aber das Ergebnis lässt sich sehen. Notizen wie diese sind also so etwas wie ein Feedback, das Sie sich selbst geben (s. a. ◘ Tab. 4.1).

Wir alle bewirken etwas mit unseren Handlungen, nur reflektieren wir selten, was wir eingesetzt und was wir erzielt haben. Fragen Sie sich wiederum: Wofür will ich Selbstmarketing betreiben? Wer oder welche Gruppe ist dafür relevant? Und was möchte ich tun? Habe ich ein festes Ziel, oder starte ich einen Prozess, dessen Entwicklung ich bewusst offenlasse? Fragen Sie sich für ein Projekt, eine Person, ein Ge-

◘ **Tab. 4.1** Aktion-Ergebnis-Notizen

Anlass/ Projekt	Beteiligte	Datum	Dauer	Aktion	Ggf. Wiedervorlage wann?	Ergebnis
…	…	…	…	…	…	…
…	…	…	…	…	…	…
…	…	…	…	…	…	…

schäftsquartal: Was habe ich eingesetzt, was ist das Ergebnis? Machen Sie Aktionen und Ergebnisse für sich sichtbar. Was geschieht? Sie unterscheiden nach der Intensität des Einsatzes und der Güte des Ergebnisses.

Mit klarem Blick und kontinuierlicher Dokumentation gelingt die Analyse, dass Sie in einer Sache, die Ihnen wichtig ist, viel einsetzen und wenig erreichen – oder umgekehrt. Oder Sie identifizieren einen Punkt, an dem Sie das Interesse verlieren, von jemandem genervt sind, sich verzetteln. Dann wäre es vielleicht eine gute Idee, dem inneren Gezänk Gehör zu schenken oder dem Team unvoreingenommen und mit großzügigem Zeitbudget zuzuhören. Sie haben an einer solchen Stelle gemeint, Selbstmarketing sei nichts für Sie? Stopp. Widmen Sie sich den einzelnen inneren Anliegen – auch wenn das zunächst wie ein zusätzlicher ungeliebter Zeitaufwand wirkt –, und finden Sie heraus, ob Sie nicht etwas ändern könnten, damit Sie Spaß an einer Aktion entwickeln, den Kontakt mit jemandem reflektieren oder bei einer wesentlichen Sache bleiben.

Die Idee, nicht an einem festen Ziel zu kleben, sondern sich jeweils an den Möglichkeiten des Augenblicks zu orientieren, ist nicht neu. Schon vor 2.500 Jahren entwickelte Sunzi, ein Zeitgenosse des Konfuzius, Strategien, wie mit Herausforderungen umzugehen sei (Sunzi 2009). Zwar nannte er diese Strategien in seiner Zeit „die Kunst des Krieges", doch wir können das heute leicht als Metapher für das Erkennen der Grundmuster von Herausforderungen und die behutsame Entwicklung kontextbezogener Lösungen lesen. Als Sieger ging bei Sunzi derjenige hervor, der durch Aktionen sichtbar oder bewusst unsichtbar blieb – entsprechend seiner eigenen Taktik, seinen aktuellen Möglichkeiten und bezogen auf die Gegebenheiten des Umfelds.

4.2 Strategien für den Alltag

Zunächst erfordert es etwas Übung und Konzentration, sich diese Strategien anzueignen. Danach spart es aber Zeit und führt zur Erreichung selbst gesteckter Ziele. Das dezenteste, effektivste Selbstmarketing funktioniert projektbegleitend, in den Alltag integriert. Im Selbstmarketing gelten dieselben Kommunikationsregeln wie auch sonst im Berufsleben:

- Machen Sie nicht nur Ihre Arbeit, sondern nehmen Sie Ihre Arbeit zum Anlass für professionelle Selbstpräsentation.
- Investieren Sie einen Teil Ihrer Arbeitszeit (sagen wir: 5 Prozent) in den Themenkomplex Selbstmarketing, und transportieren Sie – sofern angemessen und sinnvoll – bei beruflichen Kontakten Ihre Kernbotschaften.
- Beachten Sie den Kontext. Seien Sie präsent, aber nicht penetrant. Erlauben Sie sich, auch andere in der eigenen Präsentation zu würdigen. Beteiligen Sie sich an einer Wertschätzungskultur, in der Sie die Interessen und die Performance anderer anerkennen.

4.2 · Strategien für den Alltag

- Vielleicht mögen Sie einen sportlichen Ehrgeiz in eigener Sache entwickeln?
- Definieren Sie, was Erfolg für Sie oder Ihr Team ist, und feiern Sie diese Erfolge.

Selbstmarketing ist keine Arroganzschulung, die auf Kosten anderer geht. Es ist die Einladung, sich zu präsentieren und den anderen dabei mit einzubeziehen. Auch Ihr Gegenüber möchte wahrgenommen und anerkannt werden; so schätzen andere es z. B., als Quelle eines Beitrags genannt zu werden.

■ Wie machen es die Profis?

Verkäufer trainieren Modelle, an denen sie sich orientieren können. Mögen Sie schauen, ob Sie auf dem folgenden Angebotstablett einen inspirierenden Aspekt finden, mit dem Sie eine Weile experimentieren möchten? Gelegentlich vergessen wir einen Schritt und können uns durch die Erfahrungen anderer daran erinnern – z. B. präsentieren wir unsere Inhalte, versäumen aber, darauf hinzuwirken, dass der „Kunde kauft". Ein Beispiel: die AIDAS-Formel:

- **A (Attention):** Zunächst wird Attention, also Aufmerksamkeit, erzeugt. Das gelingt durch einen starken USP/Slogan, einen konstruktiven Kontakt, ein überzeugendes Leistungsversprechen.
- **I (Interest):** Als Nächstes gilt es, Interest, also Interesse, zu wecken, damit der Kunde sozusagen nicht nur die Tür aufmacht, sondern den Verkäufer auch reinlässt. Das gelingt, wenn das Angebot ein Bedürfnis des Kunden trifft, das ihm wichtig ist.
- **D (Desire):** Bei der AIDAS-Strategie rechnet man jetzt damit, dass Desire entsteht, also der Wunsch, das Angebot näher kennenzulernen. Das gelingt, wenn der Verkäufer in einer angemessenen Orientierung am Kunden die Vorteile des Produkts beschreiben kann – Ziel: Der Kunde will das Produkt haben, weil er sieht, wie nützlich es ihm ist.
- **A (Action):** Hier ist die eigentliche Verkaufshandlung gemeint. Der Kunde kauft.
- **S (Satisfaction):** Gelungen ist der Prozess, wenn der Kunde zufrieden ist – so entsteht Kundenbindung.

Die beschriebenen Phasen überlappen sich und sind für eine gelungene Kommunikation sicher nicht ausreichend – sie helfen aber dabei, Aspekte im Auge zu behalten. Ein Beispiel: Sie schaffen es, mit Ihrer Expertise in der Abteilung ein echtes Plus zu sein? Man will Sie nicht verlieren? Dann leihen Sie sich von der AIDAS-Formel einen Punkt, den Sie vielleicht regelmäßig vergessen: Erwarten Sie z. B., dass Sie für eine außergewöhnliche Leistung einen Gegenwert erhalten (Action).

■ Strategie durch Präsenz: Nehmen Sie eine Steuerungsposition ein

Wem gerade mehr an einer weniger kognitiven Strategie gelegen ist, könnte sich darauf besinnen, dass wir nicht nur mit dem gesprochenen Wort Kontakt aufnehmen und

Informationen austauschen. Wir haben durch unseren Körper, unseren Atem, unser Raumempfinden, durch unwillkürliche Regungen auf etwas ein Kompetenz-Cluster zur Verfügung, vergessen jedoch oft, dass wir damit Erfahrungen machen und Wirkung erzeugen können.

> **Einladung zum Nachdenken und Ausprobieren**
> Lehnen Sie sich zurück, und lassen Sie sich und den Sie umgebenden Raum auf sich wirken. Fragen Sie sich: Wie anwesend bin ich? Wie groß bin ich in meiner subjektiven Wahrnehmung? Wie viel Raum nehme ich ein? Stellen Sie sich eine typische Situation im Job vor, in der Sie mit einem anderen Menschen zu tun haben – verbal oder nonverbal: Wie viel Raum lassen Sie Ihrem Gegenüber? Oder wie viel Raum nimmt er sich? Wie selbstverständlich ist Ihre Haltung?

Wir kennen solche Wahrnehmungen aus dem Urlaub: Den Blick aufs Meer gerichtet. Das Ruhen in sich selbst. Das gelassene Warten auf den Impuls, dem man als Nächstes nachgehen möchte. Gönnen Sie sich die Erfahrung, Eigenwahrnehmungen oder unwillkürliche Reaktionen von Gesprächspartnern einmal auf diese Weise zu beachten. Bewerten Sie sie nicht. Es könnte sein, dass Sie eine neue Ebene der Kommunikation entdecken, die durchaus ihren Informationsgehalt hat und u. U. sogar die Qualität der Verständigung erhöht. Ein Beispiel: Sie haben einen Mitarbeiter in seinem Verhalten Ihnen gegenüber bislang als dominant erlebt, nehmen jetzt nach der Übung aber wahr, dass Sie ihm gegenüber sehr raumgreifend sind. Daraus könnten Sie möglicherweise ableiten, dass ihm gar nichts anderes übrig bleibt, als dagegenzuhalten. Sie könnten u. U. viel schneller mit ihm eine Lösung entwickeln, wenn Sie ihm Raum ließen, seinen Informationsstand und seine Ideen darzulegen. Schon haben Sie Energie gespart. Möglicherweise haben Sie den Eindruck, sich nicht zum Ausdruck bringen zu können – dann üben Sie, sich durch nonverbales Verhalten zu beteiligen:

- Seien Sie sichtbar und vernehmbar, nicht nur, indem Sie argumentativ Ihre USPs und Ihre Anliegen vertreten, sondern einfach, indem Sie sich in einer Sitzung präsent zeigen.
- Nehmen Sie angemessen Raum ein, z. B., indem Sie sich bei einer Besprechung einen guten Platz am Tisch sichern und ihn mit Schreibpapier und Notizen belegen.
- Zeigen Sie Präsenz, indem Sie andere Beiträge würdigen und Kollegen anerkennen.

Ein Beispiel aus der Praxis
Ein Abteilungsleiter weiß, dass er nicht gerade der redefreudigste Zeitgenosse ist. Seine Performance im Job ist gut, aber wenn er wählen könnte, würde er den ganzen Tag mit

4.2 · Strategien für den Alltag

niemandem sprechen, außer mit den Mitarbeitern über Fachliches. In seiner Freizeit fährt er Fahrradmarathon – zusammen mit seiner Freundin, die fast noch zäher ist als er. Berge hoch und runter, stundenlang. Nach einem Selbstmarketing-Seminar hat er sich zum Ziel gesetzt, „sichtbarer" zu werden. Er ist froh, dass er das z. T. ohne viele Worte angehen kann, so wie er auch Fahrradetappen ohne viele Worte schafft. Er hat sich angewöhnt, auf ein gepflegtes Äußeres zu achten. An seinem Arbeitsplatz nehmen das alle wahr, Männer wie Frauen. Außerdem hat er ein Präsentationsseminar besucht, in dem mit Videoaufnahmen gearbeitet wurde. Das war ihm nicht sehr angenehm, aber er weiß jetzt, wie er aussieht, wenn er irgendwo *nicht* sein will: eingezogener Hals, ausweichender Blick, unbestimmte Sprechrichtung. Keine typische Haltung für einen Sportler. Mit diesem Bild aus dem Videofeedback ist er motiviert, aktiv gegenzusteuern. In wichtigen Besprechungen hält er jetzt den Kopf oben, lässt sich Zeit, andere wahrzunehmen, besinnt sich auf das, was er sagen will, holt tief Luft wie vor einer Bergetappe – und bewältigt die Herausforderung seither deutlich präsenter.

Selbstmarketing-Skeptiker seien hiermit zum Experimentieren eingeladen. Denn unwillkürliche Reaktionen des eigenen Körpers sind wie ein Kompass, wenn man gerade nicht weiterweiß. Sie bringen noch nicht die Lösung, sie geben aber oft sehr deutliche Signale zur Stimmigkeit der Situation oder zur Qualität der Verständigung. Körperorientierte, nonverbale Strategien haben den Vorteil, dass sie für Sie schnell spürbar und für Ihr Gegenüber schnell wahrnehmbar werden. Wenn Sie damit experimentieren möchten, ziehen Sie jemanden ins Vertrauen, und bitten Sie ihn oder sie um Feedback (s. a. Schulz von Thun 2014).

Sie können auch üben, zunächst mental bestimmte Aspekte einer Situation zu verändern, um sich in eine günstige innere Verfassung zu bringen. Denken Sie an eine Besprechung, die nicht so richtig gut lief. Probieren Sie in Gedanken aus, unter welchen inneren und äußeren Voraussetzungen es besser gelaufen wäre. Was hätten Sie gebraucht? Diese Vorbereitung dient zunächst Ihrem Wohlbefinden und dem Schaffen eines stimmigen Orts.

> **Einladung zum Nachdenken und Ausprobieren**
> Lehnen Sie sich zurück, und nehmen Sie wahr, wie Sie den Raum und sich darin gerade vorfinden. Ist diese Wahrnehmung für Sie gut und richtig? Gibt es innere Gegenstimmen? Oder möchten Sie in Ihrer Vorstellung bestimmte Aspekte verändern? Ein Fenster öffnen, damit frische Luft hereinkommt? Das Licht einschalten, um eine freundliche Stimmung zu erzeugen? Wasser nachschenken?

Was passiert, wenn wir Faktoren in der Vorstellung verändern? Sie spüren die Luft, die durchs geöffnete Fenster kommt, und atmen auf (obwohl Sie das Fenster noch gar nicht geöffnet haben). Sie erleben die angenehme Pause, die durch das Lichteinschalten entsteht (und Sie sind noch gar nicht aufgestanden). Sie können diese Veränderungen freilich allesamt auch wirklich vornehmen, nicht nur mental vorwegnehmen. Wir sprechen hier von „Musterunterbrechung". Das hat Konsequenzen: Angenommen, Sie sitzen in einem Meeting und haben den Eindruck, Sie kommen mit Ihrer Botschaft nicht an. Sie formulieren zu knapp, Sie finden kein Gehör. Und angenommen, Sie könnten durch die Veränderung von einfachen Aspekten die Choreografie ein wenig beeinflussen und aus einem festgefahrenen Zustand hinausfinden. Wie wäre das? Wir sind gewohnt, uns auf Inhalte zu beschränken oder uns durch inhaltliche Beiträge zu definieren. Erleben wir, dass es schon eine Wirkung erzielt, wenn wir uns humorvoll zeigen, das Licht einschalten, das Fenster öffnen usw., könnten wir die Erfahrung machen, dass das Leben einfacher ist, als wir es uns vorgestellt haben. Die Intervention ist dann: Erst Nonverbales, Unwillkürliches beachten und einsetzen, dann die Botschaft setzen. Spart Energie!

Sie können üben, ein Muster rein nonverbal zu unterbrechen. Wir haben ein ganzes Arsenal solcher Möglichkeiten zur Verfügung, aber oft noch nicht griffbereit. Angenommen, eine Mitarbeiterin setzt an, sich wieder über ihre Kollegin zu beschweren – ein Ablauf, der sich seit einigen Wochen in die eine oder andere Richtung wiederholt. Sie möchten das Gespräch auf eine konstruktive Ebene shiften, der Mitarbeiterin aber ihr Gesicht lassen. Dann könnten Sie langsam Ihre Körperhaltung ändern – ohne Worte wird der Kontrapunkt bei Ihrer Gesprächspartnerin ankommen; die Argumente danach erhalten ein anderes Gewicht. Einige Ideen für ein Modulieren der Körperhaltung (s. a. ◘ Tab. 4.2):

- Sie sitzen gerade → Sie richten sich auf (Ausdehnung).
- Sie sitzen angelehnt → Sie lehnen sich vor (Hinbewegen).
- Sie nehmen eine ähnliche Haltung wie Ihr Gegenüber ein → Sie nehmen eine deutlich andere Haltung ein und wiederholen das, bis Sie sehen, dass Ihr Gegenüber eine Ihrer Bewegungen aufnimmt und nachahmt (Anziehen).

Das klingt seltsam? Oder gar manipulativ? Sehen Sie selbst: Setzen Sie sich allein in Ihr Lieblingscafé, und beobachten Sie Paare beim Gespräch. Sie erhalten schnell einen Eindruck, ob die beiden sich gerade etwas zu sagen haben. Wir reagieren aufeinander im

◘ **Tab. 4.2** Körperorientierte, nonverbale Strategien: Nehmen Sie Ihre Körperhaltung wahr, und verändern Sie sie in dem Moment, in dem Sie im Gespräch eine bestimmte Wirkung erzielen möchten

Ausdehnen	◎
Hinbewegen	→ o
Anziehen	⇐ o

Kontakt – ob wir uns verstehen oder nicht. Das Experimentieren mit den genannten Übungen kann einen Erlebnis- und Bewusstseinsraum öffnen und Sie erfahren lassen, wie nonverbale Kommunikation wirkt. Wir brauchen sie nicht zu erzeugen, wir dürfen ihr einfach etwas Aufmerksamkeit schenken. Das könnte die Bedeutung, die wir Strategien, Zielerreichungsformulierungen, Geschäftsplänen geben, etwas aufmischen.

Ein Beispiel aus der Praxis
Eine Geschäftsführerin sagt einerseits von sich, sie sei eine risikobewusste Macherin, andererseits äußert sie, dass sie Selbstmarketing brauche. In manchen Situationen kann sie sich durchsetzen und ihre Ideen so darlegen, dass man ihr folgt – Vorstand inbegriffen. Als sie allerdings kürzlich mit einer potenziell interessanten Firma über eine neue Herausforderung sprach, war sie – laut eigener Aussage – nach einem Kurzstatement fertig und wunderte sich, dass die Zuhörer ihre Qualitäten nicht verstanden hatten. Im Coaching geht es nun nicht darum, sie für eine Bewerbung fit zu machen, sondern darum, sie an Kompetenzen zu erinnern, die sie bereits hat. Wir suchen nach ihren „Momenten des Gelingens", also nach den Situationen, in denen sie sich als kreativ, locker, als ganz sie selbst erlebt; Situationen, in denen sie sich so verkaufen kann, dass bei den Leuten hängen bleibt: „Die brauchen wir." Ihr ist gleich klar: Solche Momente gibt es vor allem beim Essen mit Geschäftspartnern – sozusagen Stammtischfeeling. Also arbeiten wir mit einem sog. Reframing heraus, was sie in einer Situation tun kann, in der sie merkt, dass sie in eine Kurzstatement-Haltung kommt: (1) Merken, dass sie in dieser Haltung erstarrt. (2) Sich an das „Stammtischfeeling" als Kompetenz erinnern. (3) Zur Musterunterbrechung z. B. aufstehen, das Fenster öffnen, sich dann locker hinsetzen, ihr Gegenüber angucken, für Humor sorgen – und sich dann langsam eingrooven in das Stammtischfeeling.

Alltagsstrategien wie die hier beschriebenen sind übrigens nicht nur ein Privatvergnügen, das auf Selbsterfahrung setzt. Michael Faschingbauer (2013) unterstützt große Unternehmen und Start-ups dabei, innovative Ideen auszuprobieren. Neben der herkömmlichen kausalen Managementlogik, nach der Ziele gesetzt, geplant und umgesetzt werden, ermuntert er dazu, ohne feste Zielvorgaben und auf der Basis der eigenen Mittel zu handeln. Die Fragen sind: Was will ich? Was kann ich? Was weiß ich? Wen kenne ich? Wo beginne ich? Dabei wird das Geschäftsrisiko definiert, bis zu dem man gehen mag oder kann – kommt man in den definierten Risikobereich, zieht man die Reißleine. Das ist ein interessantes Konzept für das Selbstmarketing, denn oft beginnt man ja, sich mit Selbstmarketing auseinanderzusetzen, wenn es *nicht* gelingt. Hiermit verbunden ist auch die Überlegung: Wofür machen Sie das, was können Sie, mit wem können Sie sich vernetzen, was motiviert Sie? – um dann einfach mal anzufangen, nach einigen Aktionen die Ergebnisse zu überprüfen und ggf. etwas anderes zu versuchen.

Also: Diese Anregungen auszuprobieren sollte Sie nicht anstrengen, sondern Sie ansprechen und motivieren. Lassen Sie sich inspirieren. Machen Sie etwas einfach mal anders als gewohnt. An einem bestimmten Punkt werden Sie Ihren Aufwand analysieren und dann möglicherweise wählerischer, offener und achtsamer werden: erstens beim Auswählen von Kontakten und zweitens bei der Pflege Ihrer Kunden und Kontakte.

Auch im Marketing schätzt man das. Man sammelt Adressen von Kunden, ja, man behandelt Adressen wie ein hohes Gut oder kauft sie gar. In der Kommunikationspsychologie weiß man um den Umstand, dass Kommunikation dann gelingt, wenn die Partner gut aufeinander eingestellt sind (man nennt das Pacing). Davon soll im Folgenden die Rede sein: In ▶ Kap. 5 und ▶ Kap. 6 wechseln wir unsere Perspektive und nehmen das Gegenüber und den Austausch mit ihm in den Blick.

Fazit

Werbung in eigener Sache funktioniert dezent und effektiv, wenn Sie dabei direkt an Ihre Arbeit andocken. Nutzen Sie Ihre Kontakte, und bauen Sie sie bei Bedarf aus. Investieren Sie 5 Prozent Ihrer Arbeitszeit, um Ihre Kompetenz, Teampower, Vision, Kurzbotschaften auf sinnvolle Weise zu transportieren – das ist keine vertane Zeit bei einem ohnehin vollen Terminkalender, sondern eher eine Konzentration auf das Wesentliche. Soweit angemessen, lautet der Slogan zum Thema Strategie: Haben Sie Ihre USPs parat. Machen Sie nicht nur Ihre Arbeit, sondern sondieren Sie das Terrain, und nehmen Sie Ihre Arbeit als Anlass zur professionellen Präsentation Ihres Anliegens. Seien Sie kontextbezogen sichtbar (oder eben unsichtbar, wenn das gerade taktisch sinnvoll ist). Präsentsein heißt nicht Penetrantsein. Erlauben Sie sich, andere zu sehen und zu würdigen – bauen Sie Ihr Netzwerk auf, und probieren Sie aus, wohin Sie mit Menschen, die sich Ihren Zielen und Werten anschließen, segeln können.

Literatur

Faschingbauer M (2013) Effectuation: Wie erfolgreiche Unternehmer denken, entscheiden und handeln. Schäffer-Poeschel, Stuttgart
Schulz von Thun F (2014) Miteinander reden 1–4. Rowohlt Taschenbuch, Reinbek bei Hamburg
Sunzi (2009) Die Kunst des Krieges. Insel, Berlin

Professionell und wertschätzend kommunizieren

Monika Radecki

5.1 Kommunikationswege und -medien – 55

5.2 Welcher Weg für welchen Anlass? – 59

Literatur – 64

© Springer-Verlag GmbH Germany 2017
M. Radecki, *Sprechen Sie für sich*, https://doi.org/10.1007/978-3-662-54639-0_5

Was Sie in diesem Kapitel erwartet
In diesem Kapitel erinnern Sie sich an Regeln des Miteinanders. Wir müssen nicht nett sein, aber wir können dazu beitragen, ein wertschätzendes Miteinander und eine Gesprächskultur auf Augenhöhe zu entwickeln. Stichworte sind: Verständigung, Würdigung, eigene Stile und Vorlieben, Worte und Botschaften ohne Worte, unangenehme Situationen, selbst gesetzte Grenzen. Am Ende geht es wieder um das Ziel: Wie auch immer Sie mit Ihrer Gesprächspartnerin, Ihrem Gesprächspartner in Kontakt treten – tun Sie es, und entdecken Sie neben Ihren Mails, Terminen und Verantwortungen den Kontakt mit Menschen als eigenen Wert, der nicht nur das Leben bereichert, sondern den man, sobald der Kontakt gelingt, sogar in gewisser Weise dem Unternehmensergebnis zurechnen kann.

▪ Professionelle Kommunikation – was ist das?

Über Kommunikation gibt es Regale voller Bücher, denn das Thema ist nicht nur unerschöpflich, sondern bedeutet für jede und jeden etwas anderes. Das Wort Kommunikation geht auf das lateinische Verb „communicare" zurück, zu Deutsch: teilen, mitteilen, teilnehmen lassen. Gemeint ist ursprünglich also etwas Soziales. Heute meint man mit Kommunikation auch Informationsaustausch. Und wenn wir weiter darüber nachdenken, wird es uns zunehmend schwerer fallen, zu bestimmen, was Kommunikation *überhaupt* ist. Und was ist dann erst „professionelle" Kommunikation?!

Im Austausch vermischen sich die Ebenen: Sie sind als Mensch, als Mitarbeiterin oder Mitarbeiter in Ihrem Unternehmen und als Person innerhalb der Hierarchie Ihres Hauses daran beteiligt. Das Sender-Empfänger-Modell (◘ Abb. 5.1) zeigt, wie Sie einzelne Schritte auf dem Weg, sich selbst ins Gespräch zu bringen, verstehen und gehen können. Dieses Modell geht auf Claude E. Shannon und Warren Weaver zurück, die den Austausch von Informationen aus nachrichtentechnischer Perspektive darstellen wollten (s. a. Röhner und Schütz 2015). In dem Modell gibt es zwei Teilnehmer: Sie selbst („ich") und Ihr Gegenüber („die/der andere"). Sie haben Stärken, Schwächen, eigene Ziele, eigene Grenzen – Ihr Gegenüber auch (nur kennen Sie diese nicht immer).

In der professionellen Kommunikation geht es darum, in einer bestimmten Rolle innerhalb eines Kontextes eine möglichst gewünschte Wirkung zu erzielen – und zwar unter Einbeziehung der Beteiligten oder unter Berücksichtigung ihres Anliegens und Feedbacks. Sie haben in ▶ Kap. 3 und ▶ Kap. 4 überlegt: „Was habe ich über mich zu sagen?" und: „Wem will ich das wann sagen?" und Antworten formuliert. Das ist Ihre Botschaft, mit der Sie Ihr Gegenüber erreichen wollen. Haben Sie Ihr Gegenüber erreicht, möchten Sie von ihm ein Feedback – Sie möchten wissen, was der andere verstanden hat, ob er noch Fragen hat, was er zu bemerken oder selbst zu erzählen hat usw.

So weit ist das bekannt und selbstverständlich. Wir erleben aber auch, dass in diesem Informationsaustausch Störungen auftreten können – es können sogar jede Menge Störungen auftreten. Zunächst einmal kann das „Medium" gestört sein. Wenn Sie z. B. mit jemandem am Telefon diskutieren wollen, der gerade keine Zeit hat oder sich am

```
                    To do:
          Meine Botschaft rüberbringen
              (verbal und nonverbal),
            Verständigung überprüfen,
                  Feedback geben
                ─────────────►
```

Ich („Sender"): als Mensch, in meiner Funktion, innerhalb der Firma

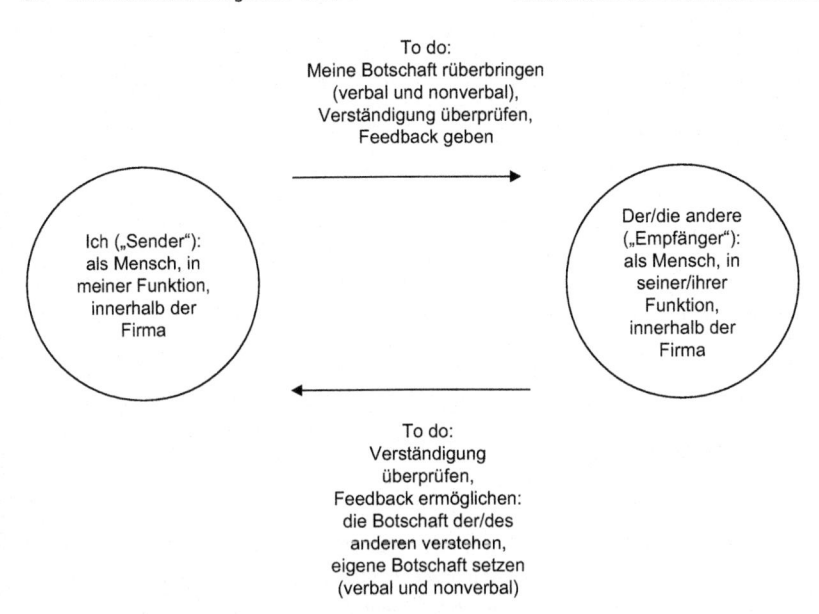

Der/die andere („Empfänger"): als Mensch, in seiner/ihrer Funktion, innerhalb der Firma

```
                ◄─────────────
                    To do:
                 Verständigung
                   überprüfen,
            Feedback ermöglichen:
             die Botschaft der/des
             anderen verstehen,
              eigene Botschaft setzen
              (verbal und nonverbal)
```

◘ **Abb. 5.1** Selbstmarketing als kontinuierlicher Prozess: Etappen und Ebenen nach dem Sender-Empfänger-Modell

Telefon nicht richtig auszudrücken vermag, dann werden Sie vielleicht Ihre Botschaft los – ob Sie Ihr Gegenüber erreichen, steht jedoch in den Sternen. Dieses Kapitel widmet sich der Frage, welches „Medium" Sie am besten für sich nutzen können und wie Sie die Klaviatur der Kommunikationswege erlernen und/oder leichthändig auf ihr spielen können. Um das Gegenüber wird es in ▶ Kap. 6 gehen.

5.1 Kommunikationswege und -medien

Sie wollen mit Ihren Kompetenzen, mit Ihrem Angebot ins Gespräch kommen? Sie wollen anderen auf Augenhöhe begegnen oder sich mit einer Entscheidung durchsetzen? Dann gibt es eine Kurzform: Ziehen Sie, sofern angemessen, den persönlichen Kontakt einem Telefonat vor, ein Telefonat einer Mail. Warum? Weil Sie im persönlichen Kontakt die (nonverbale) Kraft Ihres aktuellen Auftritts nutzen können: Ihre Haltung, Stimme, Ausstrahlung. Und diese Kurzform ist natürlich nur die halbe Wahrheit. Überlegen Sie, wie einzelne Medien „ticken" – für Sie persönlich und innerhalb der Gepflogenheiten Ihres Hauses. Eine Mail funktioniert anders als ein handgeschriebener Brief. Selbst „Flurfunk" ist manchmal ein sinnvoller Kommunikationsweg. Zu all diesen

Wegen gibt es Bücher oder Seminare – im Kontext dieses Buches lautet die Botschaft schlicht: Werden Sie aktiv, und verbinden Sie den Austausch mit Ihrer „Sendung" (s. a. ▶ Abschn. 3.4) und mit einer authentischen, wenn möglich gelassenen Präsenz.

Ein Beispiel aus der Praxis
Eine junge Führungskraft erzählte, dass sie die Verantwortung für das Anlaufen eines Projekts übertragen bekam, das schon seit sechs Monaten stockte. Dafür war die Zustimmung von mehreren hohen Führungspersonen nötig, von denen ein, wie sie sagte, „sehr hohes Tier" aus der Steuerabteilung noch nicht geantwortet hatte. Ihr Vorgänger hatte mit diesem wichtigen Stakeholder sonst keinerlei Berührungspunkte und deshalb einen Kontakt über E-Mail vorgezogen – das Ergebnis: gar keine oder eine inhaltlich zu kurze Antwort. Die junge Führungskraft änderte das Medium und bat um ein persönliches Gespräch. Innerhalb von fünf Minuten war die Sache erledigt. Zudem erwies sich der Vorgesetzte aus der Steuerabteilung in den nächsten Monaten als sehr kooperativ und sympathisch. Das Medium Mail hatte hier nicht funktioniert.

Ein Beispiel aus der Praxis
Ein leitender Angestellter weiß von sich, dass seine Stärken im unternehmerisch-strategischen Denken liegen – den Kontakt zu Menschen meidet er, wo es geht. Bewusst hat er die Menschenführungsthemen an sein Führungsgremium übertragen. Im normalen Alltag funktionieren spontane Kurzbesprechungen mit seinem Führungsteam und auch WhatsApps. In Abständen geht das jedoch gehörig daneben: Er bekommt eine Kurznachricht, erbost sich und regelt die Angelegenheit per Kurznachricht. Nicht das, was in Lehrbüchern steht. Inzwischen hat er Missverständnisse dieser Art reflektiert: Er weiß, wann das Pingpong funktioniert und wann er und sein Führungsteam mehr Informationen und Kontakt brauchen. Kurznachrichten sind ihrem Wesen nach kurz; kommen Missverständnisse auf oder spielen Emotionen mit, sind sie *zu* kurz. Das hat er inzwischen gelernt. Das Einzige, was er in solchen Momenten tun muss, ist, sich selbst „Stopp" zu sagen und seine Antwort zu verschieben.

> **Einladung zum Nachdenken und Ausprobieren**
> Die folgende Liste ist als Tablett eines Kommunikationskellners gedacht, von dem Sie die für Sie schmackhaftesten Speisen wählen. Prüfen Sie, ob Sie etwas Neues ausprobieren oder ob Sie vielleicht einen alten Faden wiederaufgreifen möchten.
>
> ☐ Ich besinne mich auf meine ganz individuelle Körperstrategie, im Berufskontakt präsent zu sein.
>
> ☐ Ich nutze Sprache und Atem, auch Pausen, für eine aussagekräftige Präsentation.
>
> ☐ Ich schreibe fehlerfreie und professionelle Briefe und Mails.

5.1 · Kommunikationswege und -medien

- ☐ Ich erkenne Missverständnisse und würdige Grenzen.
- ☐ Ich habe Übung in interkultureller Kommunikation und weiß, wo ich neugierig sein kann und wo ich Fremdheit ein Stück weit stehen lassen muss.
- ☐ Ich kann mich der Dynamik einer Telefonkonferenz anvertrauen und das Ergebnis trotz beschränkter kommunikativer Möglichkeiten mitgestalten.
- ☐ Ich habe neben meinem Sofa Bücher zu den Themen Rhetorik, Humor, kreatives Schreiben liegen und lese immer mal wieder ein Kapitel, das mich gerade anspricht.
- ☐ Ich kann akzeptieren, dass ich bei manchen Reizthemen blockiere, und trage dann erst mal zu einer Situation bei, die das Gesicht aller Beteiligten wahrt und in der ich meinen Schutzraum finde.
- ☐ Ich weiß, welche Kommunikationsmedien mir liegen und welche nicht – ich versuche dennoch, auf allen Kommunikationskanälen, die in meinem Umfeld üblich sind, professionell wirksam zu sein.
- ☐ Ich fühle mich wohl in meiner Haut, kann auch mal einfach in mir ruhen, wenn in einer Sitzung jemand zu weit ausholt, und dann entspannt wieder zu den mir wichtigen Aspekten zurückkommen.
- ☐ Ich weiß, wie ich in dem jeweiligen Medium auf andere wirke und ob ich ankomme – dazu habe ich Seminare mit Videofeedback besucht oder hole mir aktiv Rückmeldung ein.
- ☐ Ich bin flexibel genug, beim Gespräch meine Körperhaltung zu regulieren, damit ich bei Druck oder Stress nicht erstarre, sondern mich gut fühle und vital rüberkomme.
- ☐ Ich setze Stimme und Wortwahl bewusst und natürlich ein.
- ☐ Ich kenne meine inneren Widersprüche und kann in konflikthaften Situationen in mir Raum für einen konstruktiven inneren Dialog erzeugen und nutzen.
- ☐ Ich mache regelmäßig Sport und bin dadurch geübt im bewussten Einsatz von Atem und Körperspannung.
- ☐ Ich nehme demnächst Unterricht in Stimmbildung, um die Ausdruckskraft meiner Stimme und Stimmung zu erkunden.
- ☐ Ich habe Freude an Kontakten.
- ☐ Ich bin bereit, trotz meines knappen Zeitbudgets auf unwillkürliche Reaktionen und Ungesagtes zu achten und das als wertvollen Beitrag zur Kooperation zu werten, auch wenn mich das erst mal Zeit kostet.
- ☐ …

	Von hier schauen die anderen auf mich ↓	
Von hier schaue ich mich selbst an →	**1** mir selbst und anderen über mich bekannter Bereich	**3** nur für andere sichtbarer Teil meiner Person
	2 mein Intimbereich – nur mir selbst bekannt	**4** mir und anderen nicht einsehbare Bereiche meiner Person

Abb. 5.2 Was wir von uns sehen und was andere von uns sehen: Selbstbild, Fremdbild

Was tun mit meinen Schwächen?

In den Austausch zwischen Menschen fließen Aspekte ein, die den Beteiligten nicht bewusst sind. In Kommunikationsschulungen lernt man das Selbst- und Fremdbild kennen – wer dieses Modell analysiert, wird möglicherweise sehr bescheiden: Denn wir können nur zu einem Teil gestalten, was man von uns mitbekommt. Und wir haben Persönlichkeitsanteile – wir können sie Schwächen nennen –, die nicht sofort sichtbar sind, die aber unsere Botschaften beeinflussen. Ein Modell, das von Joseph Luft und Harry Ingham entwickelt und deshalb nach dem Beginn ihrer Vornamen „Johari-Fenster" heißt (Luft 1993), versucht zu skizzieren, wie man sich selbst sieht und was andere von einem sehen (Selbst- und Fremdbild; **Abb. 5.2**).

- Kommunikation, so meinen wir, findet da statt, wo Sie mich sehen und ich Sie sehe (**Abb. 5.2**: Bereich 1). Das trifft in großen Teilen auch zu.
- Allerdings habe ich einen Bereich, den nur ich kenne (Bereich 2) – diesen kann ich vor Ihnen verbergen. Ich lasse Teilnehmer eines Workshops z. B. nicht wissen, dass ich Kopfweh habe. Aber es kann auch sein, dass ich vor lauter Kopfweh so verkniffen gucke, dass sie denken: „Was hat sie bloß?" In diesem Fall hätte ich sowohl mir als auch ihnen einen Gefallen getan, hätte ich ihnen gegenüber meine Kopfschmerzen kurz erwähnt. Dieser Bereich, der nur mir bekannt ist, kann mir also Schutz bieten, kann mich aber auch blockieren.
- Bereich 3 der Abbildung zeigt einen Teil von mir, den nur Sie sehen. Sie sehen z. B., dass ich mich im Nacken kratze, wenn ich nachdenke. Das erfahre ich u. U. nur, wenn Sie mir das erzählen, wenn ich nach Ihrem Feedback frage oder wenn ich auf ein anderes Feedbackmittel zurückgreife und mir Videoaufnahmen meiner Workshops ansehe. Dieser Bereich, der Ihnen bekannt, aber für mich zunächst ein blinder Fleck auf meiner Landkarte ist, birgt Potenziale für mich – hier ist Feedbackbereitschaft und wohlwollender Austausch gefragt.

Und: Nur, weil Sie mir davon erzählen, kann ich mein Verhalten noch nicht abstellen.

- Last but not least ist Bereich 4 der Teil der Kommunikation, der Ihnen wie mir verschlossen bleibt. Es sind nicht bewusste Anteile, die nur mit Analyse, Meditation oder ähnlichen Methoden zugänglich werden. Dennoch gibt es sie irgendwie, und wir sollten sie mit Respekt behandeln – sie sind wie ein leerer Stuhl, den wir für den Überraschungsgast an den Tisch stellen.

Das Thema Selbstmarketing lädt Sie also ein, in Bereich 1 aktiv zu werden. Es lädt Sie aber ebenso ein, sich mit Muße dem Erkunden des gesamten Bildes zu widmen: Es geht nicht um eine Verkaufsveranstaltung, in der Sie Ihre gesamte Persönlichkeit bewerben, sondern um ein Erkunden und Nutzen der eigenen Wirkmöglichkeiten und Wirkungslust. Und es geht auch um die Neugier darauf, wer wohl mein Gegenüber ist, wie wir gemeinsam wirken, ob Warnlampen angehen oder wohin wir noch segeln könnten.

Ein Beispiel aus der Praxis
Eine Bank bereitet ihre zukünftigen Führungskräfte in einer Seminarreihe auf ihre Aufgabe vor. Im ersten Modul geht es u. a. um das Thema Personal Branding. Gast hierfür ist eine Kollegin aus dem Marketingbereich der Bank. Sie arbeitet mit den Teilnehmern an Fragen wie: „Was sind meine Stärken?", „Was sind meine Werte?", „Was ist meine Vision?", „Was ist meine Mission (im Sinne von: wie möchte ich die Vision erreichen)?" So weit zum Selbstbild. Um mehr über das Fremdbild zu erfahren, werden die Teilnehmer eingeladen, Kollegen zu befragen: „Was fällt Ihnen zu mir ein?" oder „Habe ich für Sie so eine Art Ein-Wort-Wert?" Die Kollegen antworten anonym. Dieser Seminarteil erfordert Mut, und die Kollegin aus dem Marketing motiviert dazu: Sie hat die Befragung selbst durchlaufen und stellt ihre Ergebnisse vor. Das ist sehr beeindruckend und authentisch – solche Befragungen ergeben ja nicht nur Dinge, die man gerne über sich liest. Am Ende zeigt sich: Wer seine Stärken, Werte, Ziele besser kennt und auch weiß, wie er wahrgenommen wird, kann sich weiterentwickeln und z. B. für die Abteilung leichter Entscheidungen fällen.

5.2 Welcher Weg für welchen Anlass?

In ▶ Kap. 6 werden Sie erfahren, wie Sie Ihre Hauptadressaten definieren und finden. Bevor wir uns diesen Menschen zuwenden, soll es noch um den Weg zwischen Ihnen und Ihrem Gegenüber gehen. Ob Ihnen die Kommunikationsart nun liegt oder ob Sie sich überwinden müssen (nach dem Motto: „Puh, jetzt ist es raus"): Professionell ist es, wenn Sie zusätzlich noch genügend ins Kalkül ziehen könnten, was mit Ihrer Botschaft geschieht, welche Wirkung sie erzielt.

Auf Paul Watzlawick et al. (2016) geht die Aufforderung zurück, der Sender einer Botschaft sei verantwortlich dafür, dass die Botschaft beim Empfänger ankommt (◘ Abb. 5.1). Da mag sich jemand fragen: „Wie kann es sein, dass ich für den Erfolg der Kommunikation verantwortlich bin, wo es doch so scheint, als habe der Chef kein Interesse an einem vertieften Austausch mit mir?" Oder: „Bei meinem Mitarbeiter beiße ich mit meinen Kommunikationsangeboten derart auf Granit, dass ich nicht nur mit meinen Möglichkeiten am Ende, sondern auch frustriert bin." Lassen Sie sich von solchen Beispielen nicht aufhalten, denn es wird immer auch Pläne geben, die nicht aufgehen, Absichten, die sich nicht umsetzen lassen. Fangen Sie einmal an, bewusst Ihr Muster zu unterbrechen und sich auf Eigenwerbung oder Teammarketing zu fokussieren, werden Sie Wirkung erzielen – das ist eine Frage von Wahrnehmung, Fokus und Bedeutungsgebung: Sobald wir unsere Aufmerksamkeit konzentrieren und etwas betrachten, wird sich unsere Bewertung ändern. Und sobald wir diese Veränderung feststellen, können wir wiederum unser Verhalten modifizieren, neue Erfahrungen machen und neue Wirkungen erzielen. Auf die Frage „Welcher Kommunikationsweg für welchen Anlass?" gibt es hier statt einer Antwort das Angebot, die eigenen Möglichkeiten zu erforschen und mit Blick auf eine günstige Auswirkung loszulegen.

Man kann Kommunikation nicht „machen", man kann sie aber anstoßen und dann ein Stück weit geschehen lassen. Das ist deshalb so, weil wir Menschen einen Instinkt dafür haben, wann wir manipuliert werden. Wir wollen i. Allg. eigentlich nur so sein, wie wir sind, und mehr oder weniger in Ruhe vor uns hin leben und arbeiten. Kommunikation, Austausch, Wahrnehmen geschieht einfach, und wir können – auch das geht auf Watzlawick zurück – damit nicht aufhören und „nicht nicht kommunizieren".

Wir haben konkrete, aber z. T. unbewusste Vorstellungen davon, wer wir sind, wer die anderen sind, wie die Welt ist. Schauen Sie einen Moment vom Buch auf, fixieren Sie die Wand gegenüber, und malen Sie in Gedanken einen Baum. Und jetzt stellen Sie sich vor, wie wohl Ihre Lieblingskollegin ihren Baum malen würde. Es ist leicht vorstellbar, dass wir alle sehr unterschiedliche Bäume malen, wenn wir eingeladen werden, einen Baum zu malen. Ein harmloses Beispiel. Sie können sich auch vorstellen, wie Sie und Ihr Kollege ein „Auto" malen – die Ergebnisse sind vielleicht schon emotional aufgeladener. Noch deutlicher werden die Unterschiede, wenn es um folgende Werte geht:

- erfolgreich sein,
- angemessen entlohnt werden,
- anerkannt werden,
- im Team arbeiten,
- sich auf das Wesentliche konzentrieren,
- Qualität sichern.

Wir filtern, generalisieren, fügen hinzu – ohne es zu wissen oder zumindest, ohne uns dessen bewusst zu sein. Wir Menschen sind so. Die Einladung: Wir könnten beginnen, aktiver wahrzunehmen und zuzuhören, mit dem Ziel, zu erfassen und zu integrieren, was der andere gerade sagt, wie unser Gegenüber das Gesagte definiert – auch: wo wir unwillkürlich reagieren und diese Reaktion u. U. im Gegensatz zu dem steht, was wir gerade verbal vertreten haben. Sind Emotionen im Spiel, wird das Feld noch größer (s. a. IJzermans und Dirkx 2012).

■ Was im Gehirn passiert

Neurobiologen und -psychologen können zeigen, was im Gehirn passiert, wenn wir etwas tun, oder wie sich das Gehirn verändert, wenn wir etwas oft oder heftig erleben (s. a. Birbaumer und Schmidt 2010). Wiederholen wir etwas oft, so werden Handlungen, Erleben, Emotionen – bildlich gesprochen – wie Rillen auf einer Schallplatte eingegraben und wieder abgespielt, sobald man den Tonabnehmer aufsetzt. Gleichzeitig bleibt die ungeheure Kapazität des Gehirns bestehen – wir haben dann gerade nur keinen Zugriff darauf. Die Frage ist also, wie wir ein gewohntes Muster unterbrechen können, wenn wir merken, dass es uns nicht in die gewünschte Richtung führt. Anschaulich mag folgende Metapher sein: Unser Gehirn hat einen enormen Arbeitsspeicher,

- es kann ca. 400 Wörter pro Minute verarbeiten.
- In einem normalen Gespräch werden ca. 200 Wörter pro Minute ausgetauscht.
- Das heißt: Während eines normalen Gesprächs sind 50 Prozent unseres Gehirns nicht ausgelastet.
- Das heißt auch: 50 Prozent des Gehirns des Gegenübers sind nicht ausgelastet.

Können Sie sich vorstellen, was mit dem Potenzial von zwei Gehirnen geschieht, die zur Hälfte nicht ausgelastet sind? Der eine überlegt, was er heute Abend kochen will und was er dazu noch einkaufen muss. Die andere sieht die Denkfalte auf der Stirn des Gegenübers, seine hin- und hergehenden Augenbewegungen und denkt: „Genauso guckt mein Mann, wenn er mit seinen Gedanken woanders ist. Warum können Männer nicht einfach mal zuhören?"

Wenn wir etwas erreichen wollen, könnte es also sinnvoll sein, den anderen bewusst zu hören. Nicht direkt bewerten, sondern zunächst einfach nur hören und schauen, Nonverbales berücksichtigen, zu einem gewissen Teil mit Missverständnissen und Unverständnis rechnen. Kernbotschaften (s. a. ▶ Abschn. 3.4) sind ein wichtiger Baustein, wenn es darum geht, sich auf Wichtiges zu beschränken und dies beim Gegenüber verständlich zu platzieren.

> **Einladung zum Nachdenken und Ausprobieren**
> Wählen Sie aus der folgenden Liste ein oder zwei Maßnahmen, die Sie in der nächsten Zeit ausprobieren möchten, um Ihr Kommunikationsverhalten zu trainieren. Notieren Sie, was Sie tun und was Sie damit erzielen.
>
> ☐ **Aufmerksam sein:** Alle Konzentration auf das Gegenüber und auf Ihren Gesprächsanlass richten. Sind Sie wirklich hier? Oder kaufen Sie bereits nebenbei die Zutaten für das Abendessen? Ihr Gegenüber wird merken, ob Sie sich ihm zuwenden.
>
> ☐ **Anschauen:** Sehen Sie Ihr Gegenüber? Fühlen Sie sich selbst wahrgenommen? Interesse ist sichtbar: durch große Pupillen, ein Blitzen in den Augen … Oder haben Sie Hintergedanken und suchen konzentriert nach Ideen an der Wand hinter Ihrem Gesprächspartner? Oder wandern die Augen Ihres Gegenübers?
>
> ☐ **Respektvoll sein:** Sie nehmen Skepsis oder Verletzbarkeit beim anderen wahr? Sie empfinden selbst ein Stopp-Signal? Dann lassen Sie sich und Ihrem Gegenüber Zeit, bevor Sie die Situation weiter gestalten.
>
> ☐ **Reaktionen zeigen:** Ihr Gegenüber fühlt sich wahrgenommen und verstanden, wenn Sie kurze Bemerkungen fallen lassen: „Aha", „Ja, ich verstehe", „Das erschließt sich mir noch nicht", „Das ist bei mir auch so".
>
> ☐ **Wiederholen:** Als angenehm empfinden wir es, wenn jemand dieselbe Sprache spricht wie wir. Das gilt auch für Ihr Gegenüber. Greifen Sie Schlüsselbegriffe auf. Jemand sagt: „Mir ist wichtig, dass wir im Team gut informiert sind." Wiederholen Sie: „Ja, gut informiert." Oder streuen Sie in Ihre Beiträge Worte ein, die der andere gesagt hat. Sie müssen nicht der gleichen Meinung sein, sondern signalisieren zunächst nur, dass Sie zugehört haben.
>
> ☐ **Aktives Zuhören mit dem ganzen Körper:** Wenden Sie sich Ihrem Gegenüber zu, und gehen Sie für einige Momente mit dessen Körpersprache mit. Modifizieren Sie Ihre Stimme kohärent zu der Ihres Gesprächspartners. Passen Sie Ihre Tonlage an. Adaptieren Sie die Körperhaltung oder einzelne Gesten.

- **Gute Fragen stellen**

Wir können durch Fragen herausfinden, ob der andere „auf Sendung" und ansprechbar ist. Gute Fragen führen zu brauchbaren Antworten. Im Journalismus gibt es klassische W-Fragen: wer, was, wo, wann, wie, welche Quelle, wie viel, auch: was genau?

Achtung bei der Frage nach dem Warum: Damit bringen wir jemanden in eine Rechtfertigungssituation – das sollten wir vermeiden. Achten Sie einmal darauf, wie häufig im Alltag „Warum?" gefragt wird, wenn jemand seine Interessen vorgebracht hat. Verzichten Sie bewusst auf das Warum, müssen Sie aktiv Interesse am Gegenüber

5.2 · Welcher Weg für welchen Anlass?

entwickeln und sich selbst fragen: Was möchte ich jetzt eigentlich konkret wissen? Schalten Sie dieses kleine Selbstgespräch ein, können Sie anschließend üben, sich statt eines Warums der anderen W-Fragen zu bedienen.

Interessant ist vor allem die Frage nach dem Wofür. Fragen wir nach dem Wofür, so erfragen wir sozusagen die Frage hinter der Frage und eröffnen eine Entwicklungsrichtung.

Aus der Gesprächsführung kennen wir verschiedene Fragetypen. Fragen können Interesse ausdrücken. Fragen können Ihnen auch wichtige Informationen verschaffen, die Sie brauchen, um Ihr Gegenüber besser einzuschätzen und Ihre Kernbotschaften angemessener zu „senden". Man sagt: „Wer fragt, führt." Aber berücksichtigen Sie, dass Ihr Gesprächspartner frei ist wie Sie selbst – es ist allein seine Sache, ob und wie er antwortet und ob er selbst Fragen an Sie hat. Gegenseitige Wertschätzung sollte dem Gespräch zugrunde liegen. Und: Durch Ihre Art zu fragen und ein Gespräch zu führen, zeigen Sie immer auch etwas von sich. Einige Fragebeispiele:

- **Offene Fragen**: Fragen Sie nach Meinungen, Absichten, Wünschen. Laden Sie jemanden ein, sich selbst darzustellen. Zeigen Sie Ihre Bereitschaft, zuzuhören. Beispiel: „Was meinen Sie, wenn Sie sagen …?", „Wie sehen Sie das, wenn …?"
- **Pufferfragen**: Gelegentlich wissen wir selbst nicht so recht weiter und wollen Zeit gewinnen. Dann wollen wir zwar wie bei den offenen Fragen weitere Informationen einholen, das eigentliche Ziel ist aber der Puffer für ein Selbstgespräch. Beispiel: „Ich habe das noch nicht richtig verstanden. In welchem Kontext sehen Sie Ihr Anliegen?"
- **Geschlossene Fragen**: Auf diese Fragen erwarten Sie eine konkrete Aussage oder sogar ein Ja oder Nein als Antwort. Beispiel: „Haben Sie das Problem schon mit jemandem besprochen?" Oder: „Gibt es Alternativen?" Hier grenzen Sie die geschlossene Frage noch ein und fokussieren bewusst auf zwei Alternativen. Beispiel: „Kommt es Ihnen nun auf Ihre Arbeitszeit oder auf die Überstundenregelung an?"
- **Leitende Fragen**: Sie haben eine Hypothese, kommen im Gespräch nicht weiter und drücken mit einer Frage aufs Gaspedal. Beispiel: „Ist es so, dass Sie …?" „Könnte es auch sein, dass …?"

Coachees berichten, dass sie gelegentlich durch Fragen den Faden verlieren. Auch hier kann die Besinnung auf ein Anliegen und eine eigene Kernbotschaft hilfreich sein. Bleiben Sie bei der Sache und in der Gegenwart; diskutieren Sie Bedürfnisse von Menschen nicht weg, sondern versuchen Sie, sie erst einmal zu verstehen; behalten Sie im Auge, was bereits gelingt und was das größere gemeinsame Ziel sein könnte, für das man kooperativ tätig werden möchte. Bleiben Sie im Zweifel einfach Sie selbst.

Ein Beispiel aus der Praxis
Ein erfahrener Coach, der selbst viele Jahre als Führungskraft tätig war, arbeitet mit Führungspersonen immer wieder mal am Thema Selbstmarketing. Er meint dazu: „Beim Begriff Selbstmarketing stocke ich regelmäßig erst einmal. Hat das nicht etwas Anrüchiges und Aufgesetztes? Muss man sich wirklich verkaufen, sich an den Mann und die Frau bringen? Und: Schwingt beim Marketing nicht mit, dass man etwas vorspielt, was gar nicht vorhanden ist? Rückt man sich nicht in ein viel besseres Licht, um etwas zu erreichen? Auf den zweiten Blick wird Selbstmarketing für mich aber regelmäßig wieder zu einer wichtigen und wohltuenden Perspektive. Für sich einstehen, die eigene Kompetenz und die eigenen Qualitäten zeigen – das ist absolut legitim, ja sogar notwendig. Schon in der Bibel steht, man solle sein Licht nicht unter den Scheffel stellen. Das, was in einem steckt, zu entfalten und der Welt zur Verfügung zu stellen – das ist richtig. Und selbst davon zu profitieren, das ist auch richtig. Selbstmarketing heißt dann einfach, dass man sich gut überlegt, wo man sich wie und wem gegenüber mit den eigenen Fähigkeiten und Interessen zeigt. Wenn jemand zu sich steht und zeigt, was er zu bieten hat, dann schafft das auch eine wohltuende Basis für Beziehungen. Man kann sich dann echt begegnen und wahrnehmen. Klar, es gibt die Leute, die nur von sich reden und aufgeblasen durch die Gegend stolzieren – und da ist keine Beziehung möglich, in der man sich ergänzt und gegenseitig weiterbringt. Selbstmarketing heißt nicht, den andern zu überrollen, sondern sich als wahrnehmbares Ich zu zeigen, das mit einem Du in Austausch treten will. Diejenigen, die sich dauernd kleinmachen und ganz bescheiden sind, verpassen die Möglichkeit, andern auf Augenhöhe zu begegnen. Deshalb ist Selbstmarketing ein Ausdruck für ein gutes und sinnvolles Ja zur eigenen Person – und gleichzeitig Ausdruck dafür, dass man eine gute Basis für echte Begegnung schafft."

Fazit
Je nach Konstitution und Kontext hat man beim Miteinander und Informationsaustausch Vorlieben sowie Kompetenzen und Grenzen. Machen Sie sich die jeweiligen Vor- und Nachteile von Kommunikationsstilen und -wegen klar. Erkunden Sie, wo Sie sich selbst im Weg stehen oder wo Sie den anderen schlichtweg zutexten oder dominieren. Ein japanisches Sprichwort lautet: „Du kannst nicht mit einer Hand klatschen." Die Moral von der Geschicht': Egal wie – Hauptsache, Sie kommunizieren und verbinden das mit Ihrer professionellen Präsenz. Sie haben etwas zu bieten. Zeigen Sie das so, dass der andere es wahrnimmt – und gern weiterträgt.

Literatur

Birbaumer N, Schmidt RF (2010) Biologische Psychologie. Springer, Berlin/Heidelberg
IJzermans T, Dirkx C (2012) Wieder Ärger im Büro. Mit Emotionen am Arbeitsplatz konstruktiv umgehen. Hogrefe, Göttingen
Luft J (1993) Einführung in die Gruppendynamik. Fischer, Frankfurt/M

Literatur

Röhner J, Schütz A (2015) Psychologie der Kommunikation. Springer, Wiesbaden
Watzlawick P, Beavin JH, Jackson DD (2016) Menschliche Kommunikation. Formen, Störungen, Paradoxien. Huber, Bern

Ihre Kunden, Partner, Kollegen, Mitarbeiter: Prioritäten setzen

Monika Radecki

6.1 Zielgruppen identifizieren: Mit wem wollen Sie, mit wem müssen Sie? – 70

6.2 Prioritäten analysieren: Bedeutung definieren – 71

6.3 An der Haltung arbeiten: Eine Gesprächssituation mental vorbereiten – 73

6.4 Profi in eigener Sache – 76

Literatur – 78

© Springer-Verlag GmbH Germany 2017
M. Radecki, *Sprechen Sie für sich*, https://doi.org/10.1007/978-3-662-54639-0_6

Was Sie in diesem Kapitel erwartet

Marketingfachleute und Presseexperten widmen sich mit Sorgfalt der Kategorisierung ihrer Kunden. Und obwohl diese Experten es mit sog. Verteilern von z. B. 50.000 Kundenadressen zu tun haben, während wir mit 15 bis 300 „Kunden" Kontakt suchen oder haben, ist es sinnvoll, unsere Kontakte zum Zweck der Eigenwerbung zu analysieren. Sind die Mitarbeiter am wichtigsten? Die Entscheider? Bestimmte externe Kunden? Tauchen Sie ein in Ihre Möglichkeiten. Lassen Sie sich von der Idee einladen, zu definieren, wer für Sie die wichtige nächste „Öffentlichkeit" ist. Wer hat Priorität für Sie? Bezogen auf welches Ziel, welche Mission oder Vision? Wie können Sie diese Menschen ansprechen? Was haben Sie ihnen zu bieten? Machen Sie sich für Ihren Kunden zu einer wertvollen Marke, zu einem „need to have", zu jemandem, der seinen Beitrag leistet.

▪ Pacing

Liest man Texte über Kommunikationspsychologie, könnte man meinen, dass gelungene Kommunikation Glücksache sei. Je nach Ziel in der Kommunikation kann man aus dieser Erkenntnis lernen, dass das Hauptelement gelungener Kommunikation darin besteht, sich aufeinander einzustellen. Man kann dann eine Haltung einnehmen, mit der man durch ein aufeinander bezogenes Miteinander („Pacing") ein vertrauensvolles Verhältnis (Rapport) aufbaut. Gemeint ist hier, mit dem anderen mitzugehen, ihm oder ihr Aufmerksamkeit und Interesse entgegenzubringen (s. a. O'Connor und Seymour 2010). Indem wir uns begegnen, beeindrucken und beeinflussen wir einander – und das ist wiederum eine Einladung zum Selbstmarketing. Da Sie sowieso sichtbar sind, gestalten Sie doch einfach ab heute, was man von Ihnen auf alle Fälle wahrnehmen soll. Je „echter", authentischer, kongruenter Sie dabei sind, umso nachhaltiger wird die Wirkung sein.

▪ Energie sparen

Vom kommunikativen Aspekt her ist es recht praktisch und ratsam, sein Gegenüber genau wahrzunehmen. Man kann dann seine Botschaft (▶ Kap. 3) so platzieren, dass sie ankommt. Das spart Energie (▶ Kap. 4).

Im Folgenden überlegen wir wie ein Profi, wer für Ihr aktuelles Ziel der Werbung in eigener Sache Ihr Gegenüber ist. Das ist Ihnen zu abstrakt? Ein Beispiel: Es ist ein Unterschied, ob ich meiner Mutter oder meinem Partner sage, dass ich schwanger bin – ich werde die Botschaft immer auch auf die Interessen und die Möglichkeiten meines Gegenübers abstimmen. Oder: Es ist ein Unterschied, ob Sie Ihrem potenziellen neuen Chef bei einem Vorstellungsgespräch sagen, wie Sie Menschen führen und welchen Werten und Visionen Sie dabei folgen, oder ob Sie das anschließend Ihrem neuen Team vermitteln.

Kapitel 6 · Ihre Kunden, Partner, Kollegen, Mitarbeiter

■ Der Nutzen des anderen

In diesem Kapitel vertiefen wir in einer Art Ehrenrunde die Kernbotschaften unserer Marke, unseres Angebots: USPs („unique selling points") und UCVPs („unique customer value points") erhalten je nach Kontext und Gegenüber eine eigene Bedeutung (s. a. ▶ Abschn. 3.4): Wenn wir wissen, was unser „Kunde" oder Kontakt braucht und was ihm nutzt („value"), können wir überprüfen, ob eine Botschaft für ihn überhaupt interessant ist und Gehör findet.

Ein Beispiel aus der Praxis

Der Leiter der Physiotherapie einer Klinik hat es lange Jahre versäumt, seine eigenen Ziele zu verfolgen. In einer typischen Sandwichposition zwischen seinem Team, den Stationsärzten und der Krankenhausleitung ist er stets der verbindliche Zuhörer gewesen, der zudem noch für die Organisation geradestand und bei Kommunikationsschwierigkeiten zwischen anderen Berufsgruppen vermittelte. Erst die Idee, sich selbst als Marke zu verstehen, hat ihn dazu gebracht, mit seiner Leistung hausieren zu gehen. Seine Kernzielgruppe: sein Team. Seine Nebenzielgruppe: die Stationsärzte und die Krankenhausleitung. Er weiß jetzt, dass ihm die Formulierung „Werbung in eigener Sache" hilft, professionelle Distanz zur Gesamtsituation zu bekommen und selbst zu steuern, wie er mit seinem Engagement und seiner Erfahrung auch andere motivieren und zur wohlwollenden Kooperation anregen kann.

Ein Beispiel aus der Praxis

Ein Trainer hat zum Thema Selbstmarketing zwei Botschaftsebenen: (1) Selbstmarketing braucht ein solides Fundament. Dieses erhalten wir durch Selbstreflexion. Die Beantwortung der folgenden Fragen hilft: Wer will ich sein? Was für ein Mensch möchte ich sein? Was ist mir wichtig? Was ist mir „wertvoll"? – Was zeichnet mich aus/soll mich auszeichnen? Was sind meine besonderen Stärken? – Was denke ich wirklich über mich: Wie rede ich z. B. bei guten Freunden über mich? Welche Worte benutze ich dabei immer wieder? – Wie will ich auf andere wirken? Wenn ich Mäuschen sein könnte bei Gesprächen über mich: Was würde ich gerne hören? Was sollen andere über mich sagen? Versuchen wir Selbstmarketing ohne dieses Fundament, werden wir schnell zum „Fähnlein im Wind". Ohne festen Halt drohen wir umzufallen. (2) Nach der Klärung der eigenen Positionierung (Werte, Ziele, gewünschte Wirkung …) geht es dann u. a. darum, die eigene Kommunikationswirkung zu stärken. Wird überhaupt wahrgenommen, was ich kommuniziere? Und wenn ja, wie wirkt es?

Mit diesen Botschaftsebenen steht der Trainer bei seinen Kunden für einen werteorientierten Ansatz. Einer seiner Teilnehmer habe, so erzählt er, während des Trainings erkannt, dass er nicht wirklich Führungskraft sein wolle. Wochen später habe er dem Trainer geschrieben, dass er zurück in sein Fachgebiet gegangen sei und dort sehr erfolgreich arbeite. Der USP des Trainers hatte im Rahmen des Selbstmarketings eine Umorientierung ausgelöst: Der Teilnehmer reflektierte seine Position im Markt und änderte daraufhin den Markt, auf dem er tätig war.

6.1 Zielgruppen identifizieren: Mit wem wollen Sie, mit wem müssen Sie?

In Workshops sagt so mancher aus dem Bauch heraus, er wolle, dass „jeder" seine Botschaft höre. Klingt gut. Aber: Deshalb sind die Zielgruppe im professionellen Sinne noch lange nicht „alle". In sozialen Medien scheint es so zu sein, dass besonders viele Kontakte auch besonders gut sind. Das ist eine Frage der Bewertung, bezogen auf das Ziel, das jemand verfolgt.

▪ A-, B-, C-Kunden

Fachleute in Presse, Werbung, Marketing unterscheiden Kundengruppen; sie steuern, wem sie wie viel Zeit und Kosten widmen, und sie definieren zu diesem Zweck A-, B- und C-Kunden. Dabei sind A-Kunden z. B. die Kunden, mit denen die Firma den meisten Umsatz, die größte Verbreitung erzielt. A-Kunden sind die Kernzielgruppe für ein Produkt oder ein Angebot. Dürfte ich Sie dafür gewinnen, zu erforschen, ob es auch für Sie angemessene, zielorientierte Kontakt-Kategorisierungen gibt? Könnte in Ihnen die Idee entstehen, dass eine solche Kategorie – bei aller Künstlichkeit – durchaus Energie spart und den Effekt Ihres Einsatzes erhöht?

In ▶ Abschn. 6.2 lernen Sie Ihre A-, B- und C-Kunden kennen. Um diese Unterscheidung zu treffen, ist es für manche wichtig, zunächst Prioritäten auch dadurch zu setzen, dass sie eine Rollen- und Auftragsklärung vornehmen.

- **Rollenklärung**: Wie wir uns aktuell verhalten, korreliert mit der aktuellen Umwelt (Kontext). Wer sind Sie z. B. gerade? Sie sind vielleicht Privatperson, Führungskraft für Ihr Team, Mitarbeiterin Ihres Chefs und Repräsentantin Ihrer Abteilung, Repräsentantin Ihres Berufsstandes, Leserin ... Man spricht dabei von sozialen Rollen – zu verstehen nicht als „Verstellen" für einen Zweck wie in einem Theaterstück, sondern als selbst gesteuerte Ausgestaltung eigener Möglichkeiten und Interessen innerhalb eines Rahmens. Jede Rolle steht in Zusammenhang mit einer persönlichen Reaktion auf die spezifische Umwelt; sichtbar durch ein für Sie in diesem Kontext typisches Verhalten (s. a. Gay 2003). In unserem Berufsalltag wechselt der Kontext ständig, und es gehört zum üblichen Stress, dass wir uns orientieren: Wo bin ich gerade selbst aktiv und mit meinen Werten und Ambitionen verbunden, und wo werde ich von Erwartungen getrieben, die ich zunächst erkunden sollte, bevor ich Handlungen daraus entwickle?
- **Auftragsklärung**: Oftmals haben wir Aufträge, innerhalb deren wir uns orientieren können – ein Arbeitsvertrag, eine Stellenbeschreibung, Zielvereinbarungen oder auch Verträge mit externen Kunden. Kommt es zu Unstimmigkeiten oder Konflikten, kann es hilfreich sein, wenn wir Fakten und Hypothesen unterscheiden. Sind die strittigen Aspekte wirklich geklärt, oder zeigt eine Vereinbarung

Interpretationsspielraum? Es lohnt sich, hier ebenso die eigenen Interessen zu vertreten wie die Ansicht des Gegenübers zu respektieren und sich angemessen mit ihm in Beziehung zu setzen.

Rollen- und Auftragsklärung können hilfreiche Ansatzpunkte sein, wenn Sie bei der folgenden Frage ins Stocken geraten und nicht weiterkommen: „Wer soll wissen oder erfahren, was ich, mein Team, mein Berufsstand, meine Abteilung … beitragen kann und erreichen will?" Geht es um Werte und einen eigenen sicheren Stand? Oder geht es um die Durchsetzung von Zielen in einer Gruppe von Stakeholdern? Erst nach diesem Schritt wird deutlich, wer beruflich wichtig ist, sprich: wer Ihre A-, B- oder C-Kunden sind. In ▶ Abschn. 6.2 können Sie das für sich üben und konkretisieren. Es ist sinnvoll, so viel wie möglich über den Kontext der wichtigen Personen herauszufinden und festzuhalten. Jede Information hilft, den Kontakt zu gestalten.

Ein Beispiel aus der Praxis
Eine junge Teamleiterin will Werbung in eigener Sache als Führungstool einsetzen und weiß ihre Zielpersonen schnell zu benennen: Ihre A-Kunden sind die elf Mitarbeiterinnen und Mitarbeiter, die sie aktiv führen will. Ihre B-Kunden sind die beiden Chefs auf den nächsten beiden Hierarchieebenen, um die sie sich nicht weiter kümmern muss; sie muss nur darauf achten, dass das hohe Niveau der Zusammenarbeit bestehen bleibt. C-Kunden definiert sie nicht.

6.2 Prioritäten analysieren: Bedeutung definieren

Täglich haben wir mit vielen Menschen zu tun. Und hier wie woanders besteht die Gefahr, sich zu verzetteln. Im Termindschungel werden vor allem die Termine wichtig, die kurzfristig anberaumt werden, sich wiederholen oder große Zeitfenster einnehmen. Termine, Personen, Anliegen erhalten dann sozusagen von selbst Bedeutung, wir erinnern uns an sie – und oftmals wissen wir, dass wir uns eigentlich strategischen Zielen zuwenden wollen, außerdem mit potenziellen neuen Kooperationspartnern Kontakt aufnehmen wollten und dazu noch mit Experten entsprechende Geschäftspläne durchsprechen möchten.

In einem Führungskräftetraining wurde diskutiert, ob Mitarbeiter beim Selbstmarketing eine wichtige Zielgruppe sein sollten oder ob einzelne Mitarbeiter, mit denen man dauernd Probleme habe, die Ziele nicht erreiche, an Strukturen und Absprachen erinnern müsse, überhaupt eine A-Kundengruppe darstellen. Darauf gibt es wohl keine pauschale Antwort. Man kann sich aber auch hier an die Marketingfachleute halten: Sie unterscheiden bei Produkten und Kundengruppen zwischen „need to have" und

„nice to have". Ist das eine Unterscheidung oder zumindest eine Metapher, die Sie einlädt, dies auf Ihre Situation anzuwenden?

- Welche Person oder Personengruppe ist für Ihre Werbung in eigener Sache ein Muss („need to have")? Warum? Aufgrund welcher Kriterien? Welche Ziele meinen Sie mit dieser Person oder Personengruppe erreichen zu können?
- Welche Personengruppe ist ein Kann („nice to have")? Warum? Aufgrund welcher Kriterien? Welche Ziele meinen Sie mit dieser Person oder Personengruppe erreichen zu können?

Selbstmarketing ist in diesem Sinne keine natürliche Kommunikation. Sie ist hier zielgerichtet und dient einem bestimmten Zweck oder einer Handlungsrichtung. Die Frage nach Kernzielgruppen und Priorität ist auch eine Frage danach, für wen (und ob) sich der Einsatz von Selbstmarketing lohnt. Welche Personengruppe sollte wissen, was Sie bieten, wofür Sie stehen, welche Werte Sie vertreten, welche Strategie Sie verfolgen, wen Sie auf Ihre Seite einladen, wie Sie Vorgaben interpretieren, was Sie erreichen wollen? Für welche Personengruppe möchten Sie ein „need to have" sein? Was haben Sie selbst von dem Krafteinsatz?

Ein Beispiel aus der Praxis

Eine Abteilungsleiterin ist schon länger auf ihrer Position und möchte sich weiterentwickeln. Sie definiert ihr Selbstmarketing-Ziel für die nächsten vier Monate als „eigene berufliche Entwicklung". Als A-Kunden benennt sie die Vorgesetzten, also für ihre Karriere wichtige bestehende Kontakte. B-Kunden sind für sie in dieser Zeit Kontakte, die nicht direkt in einer Verbindung zu ihrer Entwicklung stehen, die sie aber als persönliches Netzwerk aktiv pflegen will. C-Kunden sind ihre Kolleginnen und Kollegen auf gleicher Ebene – sie sitzen im gleichen Boot und tauschen sich kollegial und wertschätzend über Kennzahlen und Bedeutsames aus.

> **Einladung zum Nachdenken und Ausprobieren**
> Jeder Berufsalltag, jede berufliche Zielsetzung erfordert, dass einzelnen Menschen oder Menschengruppen immer mal wieder Priorität eingeräumt wird. Abgestimmt auf den Arbeitsauftrag, den man hat, richtet man sein Handeln und Planen auf diese Kunden und Kontakte aus – mehr als auf andere. Im Marketing unterscheidet man A-, B- und C-Kunden. Die folgende Anwendung gelingt Ihnen leichter, wenn Sie in ▶ Abschn. 3.2 Ihr Ziel für Ihre nächste Werbung in eigener Sache definiert haben. Wer hat für Sie Priorität? Und warum? Fragen Sie sich: Wer hat für mich – innerhalb meiner Arbeit und im Rahmen meiner Zielsetzung – Bedeutung? Wer sollte wissen, wer ich bin und was ich leiste? Was will ich mit diesem „Kunden" erzielen? Sie können diese Übung auf sich oder Ihr Team beziehen, ganz wie es Ihnen sinnvoll erscheint (◘ Tab. 6.1).

Tab. 6.1 Ihre Zielgruppe bei der Werbung in eigener Sache

	Wer hat warum Bedeutung bei Ihrer Werbung in eigener Sache? Wer ist das genau? Was zeichnet diese Gruppe oder diesen einzelnen Menschen aus? Was ist an dieser Gruppe oder an diesem Menschen für Sie besonders wichtig?
A-Kunde = 1. Priorität	
B-Kunde = 2. Priorität	
C-Kunde = 3. Priorität	

6.3 An der Haltung arbeiten: Eine Gesprächssituation mental vorbereiten

Sie gehören zu denen, die sich schnell zu Wort melden und an die sich jeder erinnert? Man meldet Ihnen zurück, dass Sie nicht richtig zuhören, zu schnell sind, nicht gründlich, zwar lebhaft, aber nicht auf den anderen und das größere gemeinsame Ganze ausgerichtet? Und Sie wollen eigentlich ab sofort auch die anderen berücksichtigen, z. B. eine Mitarbeiterin, die wesentliche, allerdings unbequeme Impulse ins Team bringt?

Oder gehören Sie zu denen, die fachlich brillant sind, die sich aber nicht richtig zur Geltung bringen und klein beigeben, wenn der Vorstand Strategieschritte vorgibt, die zwar logisch im Sinne der Unternehmensentwicklung sind, in Ihrer Abteilung aber so erst umzusetzen wären, wenn zuvor andere Entscheidungen gefällt würden? Man meldet Ihnen zurück, Sie sollten endlich mal sagen, worum es Ihnen gehe, Ihre Meinung sei gefragt – aber Sie schaffen es einfach nicht, sich zu äußern und sich durchzusetzen?

Dann gewöhnen Sie sich an, Ihre Rede, Ihre Kontaktaufnahme mental vorzubereiten (s. a. Mayer und Hermann 2015). Sie können einer professionellen Präsentation Ihres Anliegens, einer sinnvollen Argumentation und einer starken Haltung den Weg ebnen, wenn Sie sich vorab überlegt haben, worum es Ihnen geht und wem Sie begegnen. Je nach Temperament (eher extrovertiert oder eher introvertiert) gilt es, den eigenen Standpunkt zu finden und sich ein Stück weit in den anderen hineinzuversetzen. Wenn es gelingt, die Schnittmenge mit dem Gegenüber zu vergrößern, gelingt Selbstmarketing.

■ **Was wissen wir wirklich?**

Wir arbeiten in Kontexten, in denen wir meinen, unsere Kunden gut zu kennen. Vorbereiten können wir unseren eigenen Standpunkt. Etwas über den anderen herauszufinden ist meist eine Sache der Hypothesenbildung, etwa: „Mein Chef hat anderes zu tun, als mit mir zu sprechen" (Hypothese: Er hat keine Zeit), „Meine Kollegin guckt

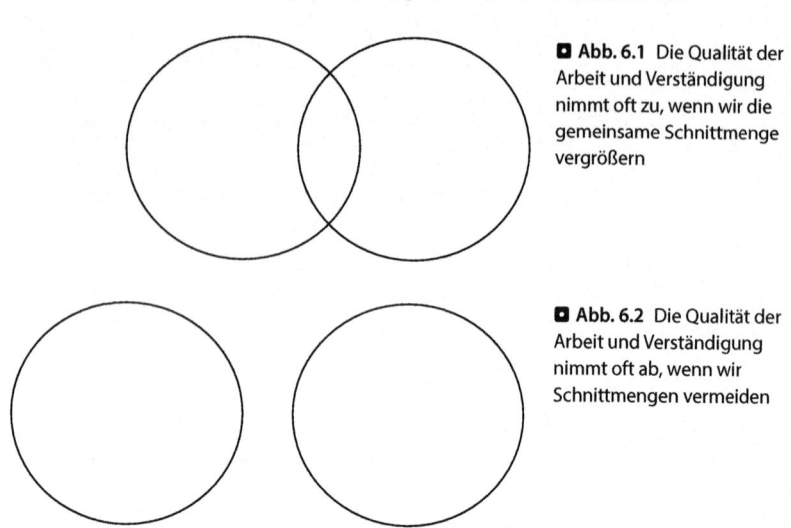

Abb. 6.1 Die Qualität der Arbeit und Verständigung nimmt oft zu, wenn wir die gemeinsame Schnittmenge vergrößern

Abb. 6.2 Die Qualität der Arbeit und Verständigung nimmt oft ab, wenn wir Schnittmengen vermeiden

immer so gehetzt, wenn ich sie auf unsere Arbeitsorganisation anspreche" (Hypothese: Sie hat an solchen Gesprächen kein Interesse), „Ich war früher selbst in der Position" (Hypothese: Ich kenne Bedürfnisse und Bedenken). Den Wahrheitsgehalt dieser Hypothesen zu überprüfen ist mühsam und erfordert Offenheit für die Wirklichkeiten des anderen.

Ideal wäre es, wir würden so zusammenarbeiten oder solche Gespräche führen, dass die Schnittmenge unserer Interessen und Bemühungen sich vergrößert (Abb. 6.1). Oft haben wir uns in lang bestehenden Arbeitskonstellationen aber angewöhnt, eine Lücke zwischen uns zu lassen (Abb. 6.2). Wir meinen dann, wir würden in Ruhe nebeneinander herarbeiten. Oftmals ist das auch so. Die Erfahrung zeigt aber, dass in Stressphasen durch diese Lücke die Qualität abnimmt, weil z. B. Ihr Chef nicht ganz zutreffend annimmt, Sie oder Ihre Abteilung würden „das" erledigen. Oder Ihr Mitarbeiter spricht Sie gar nicht mehr an, weil er erlebt hat, dass Sie in solchen Phasen an die Decke gehen, gibt Ihnen aber durch dieses freundlich gemeinte Unterlassen keine Möglichkeit zum Feedback und Steuern. Wir vermeiden oftmals, an alten In-Ruhe-lassen-Gewohnheiten, durch die solche „Gaps" entstehen, etwas zu ändern, weil Begegnung an diesen Stellen ungewohnt und nicht eingespielt ist und zunächst zu Störungen und Reibungspunkten führen kann. Oder weil wir Zeit investieren müssten.

Konflikte gehören zum Leben – wer einmal die Furcht vor Streitsituationen verloren hat, gewinnt vielleicht Freude an Reibungswärme, die in der richtigen Portion vitalisierend und im positiven Sinne erkenntnisreich sein kann (Abb. 6.3; s. a. ▶ Kap. 7; s. a. Wiek 2014).

6.3 · An der Haltung arbeiten

Abb. 6.3 Begegnung kann auch Reibung bedeuten

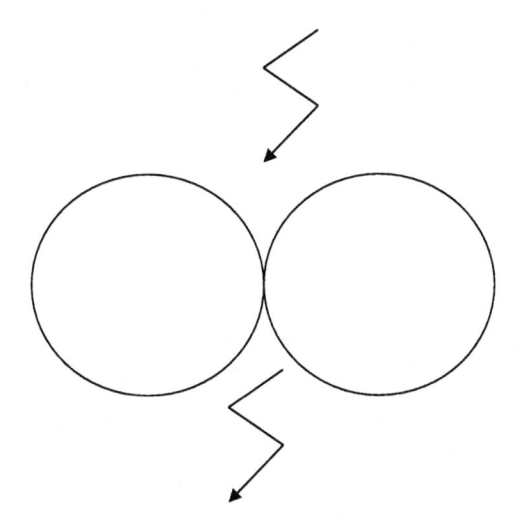

> **Einladung zum Nachdenken und Ausprobieren**
> Denken Sie an ein Gespräch, das Sie demnächst im Sinne Ihrer neu entwickelten Strategie der Werbung in eigener Sache führen werden. Folgende Fragen können Ihnen bei der Vorbereitung helfen.
> — Welche Infos habe ich? Wo habe ich Kenntnislücken und könnte mich noch informieren? Bei wem, zu was?
> — Welcher Zeitpunkt ist für das Gespräch geeignet? Möchte ich es ankündigen? Welches Zeitfenster brauche ich?
> — Welche Interessen verfolge ich? Worum geht es mir? Was hat Priorität?
> — Welche Alternativen und Möglichkeiten habe ich? Wie beurteile ich sie?
> — Was ist mein Ziel? (Oder: Was ist mein Auftrag? Und was sollte mein Ziel sein? Bin ich einverstanden?)
> — Empfinde ich innere Widerstände oder diffuse Unlust?
> — Was kann ich präsentieren? Welche Argumente habe ich? Wie lauten meine Kernbotschaften?
>
> Überlegen Sie sich ähnliche Punkte zu Ihrem Gesprächspartner oder der Gruppe, die Sie ansprechen. Bedenken Sie, dass viele Punkte Hypothesen sind, also zumeist Annahmen und Erwartungen.
> — Welche Interessen mag Ihr Gegenüber verfolgen? Worum geht es ihm wohl? Was braucht/will/wünscht er oder sie von Ihnen?

- Welche Alternativen mag Ihr Gegenüber haben? Gibt es ein Machtgefüge?
- Was können Sie geben, das ihm oder ihr nützlich ist?
- Welche gemeinsamen oder entgegengesetzten Interessen könnten bestehen?

6.4 Profi in eigener Sache

Mit dem Wissen aus den vorangegangenen Kapiteln sind Sie auf der Zielgeraden zum Profi in eigener Sache. Sie kennen Ihre Stärken (▶ Abschn. 3.1), die Sie ins Spiel bringen können. Sie haben ein Ziel, das Sie „bewerben" wollen – für sich, im Dienste Ihres Teams, Ihres Hauses (▶ Abschn. 3.2) –, und Sie haben Botschaften formuliert, die Ihr Anliegen kurz und prägnant in Worte fassen (▶ Abschn. 3.4). Sie können Kernbotschaften systematisch und an Ihrem Alltag orientiert platzieren (▶ Kap. 4) und haben sich auf Ihre kommunikativen Kompetenzen besonnen (▶ Kap. 5). Sie wissen, wem Sie Ihre Bemühungen widmen (▶ Abschn. 6.1), in welchem Kontext diese Kundengruppe für Sie wichtig ist (▶ Abschn. 6.2) und was Sie beide zusammenführen könnte (▶ Abschn. 6.3).

Ein Beispiel aus der Praxis
Ein Abteilungsleiter hat auf seiner Prioritätenliste seinen Geschäftsführer als A-Kunden notiert. Er ist zurzeit mit der Arbeitsorganisation nicht zufrieden; nach der Aufräumaktion einer Beraterfirma fehlen Informationen, offene Stellen sind intern nicht sinnvoll besetzbar, für Einstellungen von extern besteht ein Stopp. Diese Herausforderung kann er nicht allein mit seinen Teams lösen, auch wenn er das lange als seinen Arbeitsauftrag gesehen hat. Es sind strukturelle Fragen zu klären, und da ist sein Vorgesetzter gefragt. Seine Botschaft lautet: „Ich arbeite hier gern und gut, die Herausforderung nehme ich an. Die Arbeitsorganisation gelingt zurzeit nicht, und die Teams können das nicht allein lösen. Um agil weiterzugehen, brauche ich Sie, damit Sie in Ihrer Funktion die Struktur für gute Arbeit schaffen und das Go für relevante Entscheidungen geben."

Ein Beispiel aus der Praxis
Das Therapeutenteam einer großen Rehabilitationsklinik hat eine Zeit voller Veränderungen hinter sich. Aber alle haben zusammengehalten – nach dem Motto „Eine Hand wäscht die andere". Ihre Kooperation untereinander und ihre professionelle Leistung machen sie stolz. Ihre A-Kundengruppe sind die Ärzte, da die Arbeit zum Wohle der Patienten nur gelingt, wenn alle Beteiligten an einem Strang ziehen. Das Team beschließt, bei den Ärzten für sein Motto zu werben: „Eine Hand wäscht die andere. Das funktioniert nur, wenn Sie (wie auch wir) aktiv Infos austauschen und die Kollegen auf allen Hierarchieebenen aktiv

6.4 · Profi in eigener Sache

wertschätzen." Ihre B-Kundengruppe ist übrigens das ganze Haus. Die Botschaft ist eher nonverbal – das Team hat eine Kultur des Miteinanders entwickelt, die sich in positiven Bemerkungen über Kolleginnen und Kollegen ebenso äußert wie in den Rückmeldungen zufriedener Patienten auf Feedbackbögen.

> **Einladung zum Nachdenken und Ausprobieren**
> Mit einer Kernbotschaft bestimmen Sie selbst, was wichtig an Ihnen und an Ihrer Leistung ist. Im Produktmanagement benennt man mit drei bis fünf USPs („unique selling propositions/points") bzw. UCVPs („unique customers value propositions/points") – zu Deutsch: mit herausragenden Leistungsmerkmalen – das Besondere des Produkts oder der Marke, das oder die Sie anbieten. Im Mittelpunkt steht hier der Nutzen des „Kunden". Sobald Sie analysiert und festgelegt haben, welche Ziel- oder Kundengruppe warum Priorität für Sie hat, formulieren Sie Ihre Botschaft an diese Gruppe (◘ Tab. 6.2). Es kann sein, dass die Kernaussage dabei gleich bleibt, es kann jedoch auch sein, dass Sie eine Anpassung nötig finden. Seien Sie konkret. Das hilft Ihnen, auch in Stresssituationen für sich und Ihr Team zu sprechen.

Fazit
Machen Sie sich einen Sport daraus, Informationen über die Menschen zu sammeln, die wichtig für Ihre Imagebildung sind. Wissen Sie einmal, wer warum wichtig für Sie ist, können Sie Kontakte gestalten, wie es Ihre Art ist und wie es Ihren Werten entspricht. Nutzen Sie Begegnungen im Alltag für mental vorbereitete Gespräche, in denen Sie Ihre Informationen so vermitteln, dass der oder die andere gleich weiß: „Das brauche ich, das ist wichtig, das/den/die merke ich mir." Hat Ihr Gegenüber gar einen weiteren, für Sie nützlichen Kontakt

◘ **Tab. 6.2** Ziele und Botschaft

	Ihr Ziel bei der Werbung in eigener Sache: Wer hat warum Bedeutung bei Ihrem Selbstmarketing? Wer ist das genau? Was zeichnet diese Gruppe oder diesen Menschen aus? Was ist an dieser Gruppe oder an diesem Menschen für Sie besonders wichtig?	Welche Botschaft haben Sie an diesen Menschen, diese Gruppe? Wie machen Sie Ihre Leistung für sie sichtbar, nützlich und damit wertvoll?
A-Kunde		
B-Kunde		
C-Kunde		

zu vermitteln? Fragen Sie, hören Sie zu, haken Sie nach, sofern möglich und angemessen. Ziel: weitere relevante Informationen für das Netzwerk in eigener Sache sammeln. Marketingprofis wissen: Ein zufriedener Kunde bringt neue Kunden – er wird sozusagen freiwillig zum Mittler von Botschaften.

Literatur

Gay F (2003) Das persolog Persönlichkeitsprofil. Gabal, Offenbach
Mayer J, Hermann H-D (2015) Mentales Training: Grundlagen und Anwendung in Sport, Rehabilitation, Arbeit und Wirtschaft. Springer, Berlin/Heidelberg
O'Connor J, Seymour J (2010) Neurolinguistisches Programmieren: Gelungene Kommunikation und persönliche Entfaltung. VAK, Kirchzarten
Wiek U (2014). Zusammenarbeit fördern. Kooperation im Team – ein praxisorientierter Überblick für Führungskräfte. Springer Gabler, Wiesbaden

Selbstmarketing als Ressource in Konflikten und Verhandlungen

Monika Radecki

7.1 Konfliktmanagement – 80

7.2 Verhandlungsführung – 84

7.3 Das Ergebnis gestalten – orientiert an eigenen Zielen und Werten – 88

Literatur – 89

© Springer-Verlag GmbH Germany 2017
M. Radecki, *Sprechen Sie für sich*, https://doi.org/10.1007/978-3-662-54639-0_7

Was Sie in diesem Kapitel erwartet
Zum Arbeitsalltag von Fach- und Führungskräften gehören Konflikte und Verhandlungen. Dieses Kapitel lädt Sie ein, die Erkenntnisse aus den vorhergehenden Kapiteln hier anzuwenden. Selbstmarketing kann Ihnen helfen, Ihre Interessen, Werte und Visionen auch in Konflikt- und Verhandlungssituationen zu vertreten und – sofern möglich – Ihrem Gegenüber aufmerksam zu begegnen. Mehr noch: Sie können bei Bedarf mit dem Modell etwas Abstand von sich gewinnen und auch in Gesprächen mit sog. schwierigen Gesprächspartnern selbstfürsorglich und wirksam bleiben.

Werbung in eigener Sache ist ein starkes Instrument, um einerseits die eigenen Interessen zu klären und andererseits zu prüfen, ob und wie die Verständigung klappt und ob und wie man den anderen erreicht. Nicht immer ist die Zwei-Wege-Kommunikation das oberste Ziel. Und nicht immer lässt sich eine Win-win-Situation erreichen. Im Selbstmarketing geht es darum, im jeweiligen Kontext angemessen mit Interessen und Gaben präsent zu sein und dann entspannt zu schauen, was sich ergibt und was ein nächster Schritt sein könnte. In den ersten sechs Kapiteln galt die Einladung, sich ins Gespräch zu bringen, an Ihrem Image zu feilen und es nicht bei guter Arbeit zu belassen. Jetzt geht es um Situationen, in denen naturgemäß damit zu rechnen ist, dass es verschiedene Interessen gibt, die es auszugleichen gilt: Konflikte und Verhandlungen.

7.1 Konfliktmanagement

Konflikte sind so vielfältig wie Menschen und Situationen. Wie ist das bei Ihnen und Ihrer Arbeit? Läuft bei Ihnen das immer gleiche Muster ab, das Sie verstehen, aber nicht ändern können? Betrifft das bestimmte Personen, mit denen die Chemie nicht stimmt? Geht es um Aufgaben, denen Sie sich nicht gewachsen fühlen? Situationen, in denen es plötzlich hopp, hopp gehen muss?

Wir können Konflikte haben mit uns selbst, mit anderen, mit der Organisation, in der wir arbeiten, mit der eigenen Rolle und Funktion. In allen Fällen lohnt es sich, zu erforschen, welche Aspekte beteiligt sind. Oft entsteht Klarheit und Handlungsspielraum, wenn wir die Aspekte reduzieren auf das, was für diese Sache gerade relevant ist. Wir haben gelernt, unserer inneren Stimme das Wort zu entziehen, wenn es „außen" Krach gibt – als würde diese Stimme stören wie ein störrisches Kind. Lernen wir, die Situation zu analysieren und alle relevanten Aspekte und Stimmen zu berücksichtigen, entsteht oft eine Ordnung, die den nächsten Schritt, den nächsten Satz, die nächste Entscheidung nahelegt. Da eine solche Analyse und innere Anhörung Zeit braucht – Zeit, die wir meinen, nicht zu haben –, kann das manchmal auch heißen: Jetzt gerade entscheide ich erst mal gar nichts.

Wir können davon ausgehen, dass ein kleiner Prozentsatz dieser Konflikte im Alltag einfach geschieht und auch nicht zu ändern ist. Es ist eine kluge Strategie, damit

7.1 · Konfliktmanagement

zu leben und sich, falls sinnvoll, darum zu bemühen, dass alle Beteiligten ihr Gesicht wahren können. Auch kann es klug sein, diese Situationen anschließend zu analysieren und zu überlegen, was denn da eigentlich passiert ist. Zu diesen Situationen, die man am liebsten aus der Agenda streichen würde, gehören Kontakte mit schwierigen Zeitgenossen, bei denen Ärgern zwecklos ist – Sie können noch so viel Durchsetzung, Rhetorik, Stimmbildung trainieren, die fiese Masche mancher Menschen erlernen Sie nicht so ohne Weiteres. Leben Sie damit.

Andere Konflikte zeigen sich in einer Art, die ganz normal ist, die wir aber trotzdem nicht mögen. „Streiten will gelernt sein" – dieser Aufforderung folgen nur wenige Menschen bereitwillig. Auch das Wort „Streitkultur" vermeiden viele Menschen und erkennen die Einladung darin nicht.

> **Einladung zum Nachdenken und Ausprobieren**
> Besinnen Sie sich auf zwei oder drei typische Konflikte, die in Ihrem Berufsalltag immer wieder auftreten. Fragen Sie sich:
> - Wie sehr brauche ich im Kontakt kollegiale Verständigung? Wie viel Dissonanz vertrage ich?
> - Was genau tue ich, wenn ein Konflikt „droht"?
> - Welche Worte wähle ich in Konflikten, wie ist meine Haltung?
> - Gehe ich aktiv mit Konflikten um? Wenn ja, was tue ich dann? Ist dieses Tun eher innerlich oder äußerlich?
> - Ist mir bewusst, wie viel Macht ich in Konflikten habe? Welche Macht habe ich zur Durchsetzung meiner Interessen?
> - Ist mir bewusst, wie viel Ohnmacht ich schon erlebt habe – ein Erleben, das in aktuellen Situationen auftaucht?
> - Sind mir im Konflikt meine Ziele präsent? Habe ich Zugriff auf meine Werte?
> - Was bekomme ich in Reibungssituationen vom anderen mit? Kann ich seine Bedürfnisse und Ängste wahrnehmen und würdigen?
> - Habe ich Schutzstrategien bei unfairen Gesprächspartnern?
> - ...

In beruflichen Konflikten geht es selten um Ihre Person. Viel eher geht es um Interessen- oder Bewertungskonflikte (s. a. Schwarz 2012). Hier hilft es, sich auf die professionelle Rolle und den Arbeitsauftrag zu besinnen (▶ Abschn. 3.4, ▶ Abschn. 6.1). Wenn Sie wissen, was das Hauptziel Ihres Handelns ist und womit Sie sichtbar sein wollen, gelingt es Ihnen auch in Reibungssituationen, bei klaren Botschaften zu bleiben (▶ Abschn. 3.2, ▶ Abschn. 3.4). Sie können in „Spielchen" abstinent bleiben, mit einem gewissen Abstand von der Dynamik, die Vorwürfe und heftige Emotionen des Gegenübers befeuern. Und: Wenn Sie sich Ihren Standpunkt eingestehen, können Sie

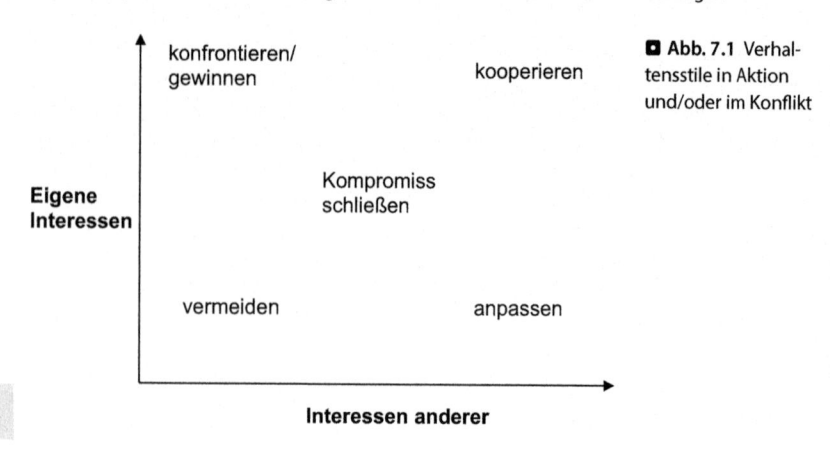

Abb. 7.1 Verhaltensstile in Aktion und/oder im Konflikt

```
              konfrontieren/
              gewinnen                  kooperieren

Eigene                     Kompromiss
Interessen                 schließen

              vermeiden                 anpassen

                       Interessen anderer
```

auch Ihrem Gegenüber einen eigenen Standpunkt zugestehen – Sie müssen ihn nicht teilen (s. a. ▶ Kap. 6).

Erlauben Sie sich, in Friedenszeiten Ihr Konfliktverhalten zu reflektieren. Oftmals verfügen wir über ein Repertoire, mit dem es möglich ist, Konflikte mit zu steuern. Ist Ihr Gegenüber unfair? Dann hilft die Beschränkung auf Botschaften, die klar sind und einen Schutzraum für Sie selbst schaffen. Sehen Sie Chancen für eine Verständigung? Dann hilft die Kontaktpflege: erst Pacing (sich einstellen auf den anderen), dann Leading (eigene Interessen vertreten, möglichst mit der Bereitschaft, beiden Seiten ein Stück vom Kuchen zu lassen). Überwinden Sie Ihre Furcht vor Konflikten, und wachsen Sie mit der Erfahrung, dass ein Streit nur zeigt, dass Sie und Ihr Gegenüber aktuell unterschiedliche Standpunkte und Wirklichkeitskonstruktionen haben. Wer miteinander streitet, hat oftmals prinzipiell Interesse an einer Verständigung.

▪ Verschiedene Aktionsstile

Jeder Mensch verhält sich in bestimmten Situationen und in der jeweiligen Verfassung nach eingespielten Mustern, dabei hätte jeder Mensch ebenso Zugriff auf Alternativen, die bereits in ihm angelegt sind und gelebt werden. Das ist zwar eine Binsenweisheit, wir vergessen sie aber, wenn es heiß hergeht und wir uns angegriffen, gedemütigt, verletzt fühlen. Je nachdem, was wir gelernt haben oder richtig finden, widmen wir uns im Alltag und besonders in Konflikten primär unseren Interessen *oder* denen der anderen – es gibt einige Zwischenformen (s. a. Thomas 2002; ◘ Abb. 7.1).

— Angenommen, Sie zählen sich zu den Menschen, die im Konflikt erst einmal versuchen, einen *Kompromiss* zu finden – dann würden Sie sich in ◘ Abb. 7.1 in der Mitte der Abbildung einordnen: Sie haben die eigenen Interessen ebenso im Auge wie die der anderen.

7.1 · Konfliktmanagement

- Es gibt Menschen, die *vermeiden* Streit in einem solchen Maße, dass sie weder ihren eigenen Interessen noch denen anderer dienlich sind. Arbeitet man mit solchen Menschen zusammen, empfindet man sie zunächst als angenehm, aber irgendwann nerven sie, weil man nicht weiß, wo sie stehen. Ihre Arbeitsaufträge sind nicht klar, kritisches Feedback ist Fehlanzeige.
- Menschen, die sich spontan *anpassen*, wirken auch lange angenehm, aber bei ihnen erlebt man in regelmäßigen Abständen einen empörten Aufschrei: Man nehme sie nicht zur Kenntnis, ihre Interessen hätten keinen Platz im Unternehmen o. Ä. Das ist natürlich dann ein Konflikt der besonderen Sorte: Die Betreffenden stecken in diesen Momenten in einer Anpassungsfalle. Es gilt, eigene Interessen angemessen zu vertreten und sich aktiv mit anderen für Gemeinsames zu committen.
- Es gibt Menschen, die sich immer durchsetzen. Zunächst ernten sie durchaus Anerkennung, weil sie in Situationen *gewinnen* und auch mal für das Team die Kohlen aus dem Feuer holen. Diese Menschen haben Spaß daran, andere mit ihren Interessen zu konfrontieren und sich mit ihnen zu messen. Zufrieden sind sie, wenn sie auftrumpfen können. Nutzen Menschen diese Fähigkeit im Sinne einer Sache oder für ein Team, haben sie die hohe Kunst der Durchsetzung gelernt – bis sie allerdings dort anlangen, sind sie wahrscheinlich oft mit dem Kopf durch die Wand gegangen, haben Feedback nicht gehört oder gewürdigt, haben andere übervorteilt.

Achtung übrigens bei *Kompromissen*. Um einen nachhaltigen Kompromiss zu schließen, muss man aufmerksam sein und prüfen, ob die Interessen halbwegs ausgeglichen sind. Einigt man sich z. B. auf etwas und wundert sich dann, dass es nicht eingehalten wird, kann man davon ausgehen, dass man einen faulen Kompromiss geschlossen hat, der, aus welchem Grund auch immer, zum Nachteil eines Beteiligten war oder den relevanten Punkt der gemeinsamen Kooperation noch nicht getroffen hat.

Kooperieren ist die reife Form des ausgewogenen Kompromisses. Die eigenen Interessen und die der anderen sind in einem Höchstmaß berücksichtigt worden. Eine Kollegin beschreibt z. B. einen Streit mit ihrer Kollegin im Führungskreis und empört sich: „Also ich will eine Win-win-Situation, aber sie zieht mich über den Tisch." Aha? Kooperieren können wir nicht allein, und es wird auch nicht dadurch besser, dass wir den Schuldigen benennen, der ausschert. Kooperation gelingt, wenn alle Beteiligten wissen, wo sie stehen, das auch zum Ausdruck bringen können und gleichzeitig ihre Interessen nicht über die Interessen der anderen stellen. Am Ende steht sozusagen ein gelungenes Zwei-Wege-Selbstmarketing. Das ist ein Prozess, den die Beteiligten iterativ durchlaufen – das ist aufwendig, und das Gelingen ist nicht garantiert.

- **Verschiedene Kommunikationsstile**

In stressigen Auseinandersetzungen ist es wichtig, noch genauer als sonst darauf zu achten, dass Sie das, was Sie sagen möchten, deutlich und verständlich sagen und darauf achten, ob der „Empfänger" beim anderen auf „On" steht. In einem Streit gilt es noch mehr als sonst, die Verantwortung dafür mitzutragen, dass die Verständigung gelingt. Hand aufs Herz: Das gelingt nur, wenn Sie den Austausch wirklich wollen und bereit sind, Ihren Teil dazu beizutragen.

Ein Beispiel aus der Praxis

Ein neuer Leiter einer Abteilung wollte sich weiterentwickeln und hatte sich auf die vakante Stelle beworben, obwohl die Abteilung bekanntermaßen zerstritten ist. Prinzipiell mag man sich, aber es geht drunter und drüber. Die Arbeitsorganisation hinkt, weil sie zwar besprochen ist, jeder aber an irgendeiner Stelle eine Ausnahme für sich macht. Der Krankenstand ist hoch. Der neue Abteilungsleiter erarbeitet mit seinem Team Regeln für die Kommunikation und das Miteinander, die so einfach und klar sind, dass jeder sie für sich einfordern kann. Er lässt sich mit dem Regelwerk Zeit, hört zu, fragt nach, spiegelt zurück, was er nicht versteht. Am Ende erwartet er die aktive Zustimmung aller Beteiligten – ab dann ahndet er Verstöße und erkennt Fortschritte im Miteinander an. Sein erklärtes Ziel ist die Effizienz seiner Abteilung. Er will seine Leute zu dem Motto führen: „Unsere Leistung ist gut. Gemeinsam sind wir ein super Team!" – ein Motto, auf das schon einige Monate später die Mehrheit stolz ist. Man hat eine gemeinsame Haltung, die Divergenz aushält.

Konfliktverhalten ist also auch eine Frage der professionellen Kommunikation. Wenn jemand partout nicht kooperieren will, hilft auch die größte Zuwendung und Fairness nichts. Allerdings muss man prüfen, ob dem wirklich so ist. Ist die gezeigte Überlegenheit vielleicht nur eine Seite der Medaille? Spielt mein Anliegen für den anderen eine Rolle? Machen Sie die „Kundenanalyse" (▶ Kap. 6) zu Ihrem täglichen Handwerkszeug, damit Sie spontan identifizieren können, ob Sie in die Zusammenarbeit mit jemandem investieren möchten. Streiten kostet Energie, und so steht es Ihnen auch bei diesem Thema frei, sofern möglich, selbst zu entscheiden, ob sich der Streit für Sie lohnt oder ob Sie eine andere Lösung zu finden versuchen (s. a. Schwarz 2012).

7.2 Verhandlungsführung

Zum Alltag von Fach- und Führungskräften gehört das Verhandeln. Während manchen das Feilschen und Optimieren in die Wiege gelegt ist, haben andere eine Scheu vor diesen Situationen. Auch hier können wir uns fragen, welches Ziel wir verfolgen: Verhandeln wir für uns, für unser Unternehmen, für die gemeinsamen übergeordneten Ziele? Oftmals sind wir in Situationen, in denen wir auf bestimmte Aspekte einer

Anfrage gern eingehen würden, allerdings passt es nicht ins Budget, zum Verhältnis oder zur Unternehmensstrategie.

Aber zurück auf Start: Verhandeln ist ein Interessenausgleich, für den zunächst einmal Ihr gesunder Menschenverstand ausreicht. Auch wenn es auf den ersten Blick nicht so aussieht: Sie verhandeln ständig – mit Ihrer Tochter darüber, wann Schlafenszeit ist, mit Ihrem Mitarbeiter, weil die unternehmensweite Urlaubsregelung auch für ihn gilt, mit dem Leiter der kooperierenden Abteilung, der die Weitergabe einer zeitkritischen Information vergessen hat.

Während das Verhandeln um Gehalt zu den klassischen Verhandlungssituationen gehört, zählen die meisten der letztgenannten Beispiele eher zum großen Themenkomplex „Sich durchsetzen". Wir scheuen uns dann vor Verhandlungen, wenn wir meinen, uns nicht durchsetzen zu können, wenn wir dem anderen unterstellen, er würde nur an den eigenen Vorteil denken. Oft sind wir selbst starken Restriktionen unterworfen und können gar nicht so, wie wir wollen. Dabei projizieren wir gelegentlich die stärkere Position auf das Gegenüber: Wir erleben uns als unterlegen, erlauben uns das eigene Aufbäumen und das Abwerten des anderen. Oder umgekehrt: Wir werden in unserer Führungsposition als der vermeintlich Stärkere wahrgenommen, und egal, was wir sagen und anbieten, es kommt nicht an, weil jemand sich wehrt, sich ungerecht behandelt fühlt, die Macht der Gerechtigkeit in unsere Hände legt. Hier hilft es, verständliche, am Gegenüber ausgerichtete Botschaften über die eigene Funktion und Vision parat zu haben und zu schauen, ob man damit ankommt und die Verständigung beginnt.

> **Einladung zum Nachdenken und Ausprobieren**
> Machen Sie sich klar, wie viel Kraft, Macht, Power Sie kontextbezogen haben: Je mehr „Macht", umso besser können Sie Botschaften setzen, sich durchsetzen, erfolgreich im Interessenausgleich sein. Gehen Sie die folgende Liste durch, erweitern Sie sie, und überlegen Sie, welche der folgenden Stärken Sie als Machtquellen mitbringen oder entwickeln können:
>
> ☐ Fachwissen
>
> ☐ ausreichende Informationen über Fakten und Leute
>
> ☐ Genauigkeit der vorhandenen Informationen (Fakten, nicht Hypothesen)
>
> ☐ kommunikative Kompetenz
>
> ☐ Persönlichkeit
>
> ☐ Ausstrahlung
>
> ☐ professionelles Auftreten
>
> ☐ dem Dresscode angemessene Kleidung

- ☐ methodisches Vorgehen
- ☐ optimale Vorbereitung (z. B. auf Arbeitsabläufe, auf Gespräche)
- ☐ Alternativen (z. B. Standards im Projektmanagement, Arbeitsplatzgestaltung, Verhaltensweisen)
- ☐ Entscheidungskompetenz
- ☐ Unterstützung von oben
- ☐ professionelles Zeitmanagement
- ☐ vertraute Umgebung (das Verhandlungsgespräch findet an einem Ihnen gut bekannten Ort statt)
- ☐ …

Es gibt bei der Bestimmung der eigenen Durchsetzungsfähigkeit kein Richtig oder Falsch. Finden Sie heraus, wo Sie gut sind (▶ Abschn. 3.1). Würdigen Sie Machtquellen, die Sie vielleicht bis heute als selbstverständlich angesehen und denen Sie bislang nicht die Bedeutung einer Stärke gegeben haben. Und wenn Sie mögen, greifen Sie sich etwas heraus, das Sie noch nicht entwickelt haben, z. B. ein kühn kalkuliertes Auftreten (s. a. Sunzi 2009), besuchen Sie einen Präsentationskurs, oder lernen Sie Reiten oder Balletttanzen, um eine aufrechte, kraftvolle Haltung zu entwickeln. Alles, was Sie für sich tun, wird Sie sichtbarer und damit durchsetzungsstärker machen.

▪ Sich mit anderen vergleichen

Gehören Sie zu den Gewinnertypen (◨ Abb. 7.1)? Dann nur zu: Vergleichen Sie sich mit anderen, und lassen Sie sich durch den Wettkampf beflügeln. Für viele andere gilt: Vergleichen Sie sich zur Abwechslung mal *nicht* mit anderen. Definieren Sie selbst, um was es Ihnen geht, für was Sie einstehen können, womit Sie für andere sichtbar und angreifbar sein wollen und können. Diese Selbsterlaubnis und -erkenntnis ist Grundvoraussetzung dafür, dass Sie für sich sprechen können. Die Scheu vor dem vermeintlich stärkeren (coolen, desinteressierten, aufgedrehten) Gegenüber ist zum großen Teil unbegründet. Jeder durchsetzungsstarke Mensch, mit dem Sie zusammenarbeiten, sei es ein Kollege, ein Vorgesetzter oder wer auch immer, wird wissen, dass er Sie nicht auf seine Seite bringt, wenn er sich Ihnen gegenüber unfair verhält.

▪ Die Königsdisziplin: kooperativ verhandeln

Verfügen Sie über ein Modell erfolgreichen Verhandelns? Beim Modell des kooperativen Verhandelns nach Harvard (s. a. Fisher et al. 2009) zielt man die größtmögliche Zustimmung aller Beteiligten an. Dass das geht, zeigt der Erfolg dieser Methode selbst in verfahrenen internationalen Konflikten. Das Sechs-Schritte-Programm umzusetzen ist eine Übung für Fortgeschrittene. Einige Aspekte werden sich Ihnen als fortgeschrittenen Selbstmarketing-Expertinnen und -Experten jedoch leicht erschließen:

1. Wichtig ist eine gute Vorbereitung. Überlegen Sie, worum es Ihnen geht, wo Sie Kompromisse schließen können, welche Alternativen Sie haben, wo Sie in der Sache hart bleiben wollen oder müssen und wie Sie vorgehen werden. Stellen Sie dieselben Überlegungen hypothetisch auch für die anderen Beteiligten an.
2. Nach dem Gesprächseinstieg widmen Sie sich allen Beteiligten. Zeigen Sie sich gegenseitig, dass Sie einander würdigen und respektieren.
3. Einigen Sie sich auf die Struktur: Wie lange haben Sie Zeit? Welches Thema führt Sie zusammen? Wollen Sie mit einer Ideensammlung oder mit einem Beschluss auseinandergehen? In welche Gesamtstruktur ist dieses Gespräch eingebunden?
4. Machen Sie eine Bestandsaufnahme: Worum geht es Ihnen und den anderen Beteiligten der Sache nach? Achtung: Hier geht es nicht um eine Diskussion, sondern um ein klares Verständnis. Haben Sie den anderen verstanden? Möchten Sie nachfragen? Haben Sie den Eindruck, der andere hat Sie verstanden? Möchten Sie nachfragen? Brauchen Sie noch Informationen?
5. Erst im nächsten Schritt wird überlegt und diskutiert, was gemeinsam denkbar ist. Hier geht es um das Erreichen einer Schnittmenge, um eine Lösung, die alle Beteiligten als gerecht empfinden und nachhaltig mittragen können.
6. Ist Schritt 5 gelungen, wird das Ergebnis festgehalten.

Klingt das für Sie plausibel, und ist Ihnen das so weit bekannt? Achtung: Wir meinen oft, Punkt 5 sei gleichbedeutend mit der Verhandlung. In der Regel überspringen wir die Punkte 2 und 3, vermischen Punkt 4 und Punkt 5 und halten am Ende etwas fest, was die Beteiligten zunächst abnicken – später merken sie jedoch, dass ihre wesentlichen Punkte nicht berücksichtigt wurden.

▪ Nennen Sie es, wie Sie wollen, aber tun Sie es!

„Werbung in eigener Sache" ist eine Formulierung, für die man gut und gern andere Begriffe finden kann. Als Methode wird es in diesem Buch bewusst in die Nähe zu Produkten gerückt, die wir reizvoll finden, die wir sofort wiedererkennen, die uns wertvoll sind. Nehmen Sie diese Nähe als Motivationsschlüssel, um die Tür zur eigenen Öffentlichkeit selbst aufzuschließen. Üben Sie, für sich zu sprechen und Ihre Interessen, Ziele, Werte zu vertreten. Das gilt auch für Verhandlungen und Situationen, die Sie für sich entscheiden oder in denen Sie mitmischen wollen.

Sie können mit harmlosen Alltagssituationen beginnen: Machen Sie am Frühstückstisch oder im Schuhgeschäft die Erfahrung, dass es unterhaltsam und ein Sport sein kann, mit klaren Botschaften zu punkten. Zeigen Sie sich überzeugt von Ihrem Anliegen. Ein Beispiel: Loben Sie die Verkäuferin wegen der guten Schuhauswahl und des guten Services. Wählen Sie dann zwei Paar Schuhe, die Sie nur dann kaufen, wenn Sie eine Schuhpflege gratis dazubekommen. Oder stellen Sie Forderungen, und erreichen

Sie am Ende „nur" eine (vorbereitete) Alternative: Bieten Sie z. B. dem Blumenverkäufer kurz vor Ladenschluss an, zwei Blumensträuße zu nehmen, wenn Sie für den zweiten nur die Hälfte zahlen. Akzeptieren Sie, wenn er von Ihnen den vollen Preis verlangt, Ihnen aber ein anderes Blumengeschenk als Dreingabe anbietet, das er Ihnen vorher zeigt, damit Sie es prüfen können.

7.3 Das Ergebnis gestalten – orientiert an eigenen Zielen und Werten

Wir widmen uns den Themen Konflikte und Verhandeln hier im Kontext Selbstmarketing – das bedeutet, dass wir den Fokus darauf legen, uns nachhaltig zu vernetzen. Wir gehen hier davon aus, dass wir Menschen wiedersehen werden, mit denen wir gerade streiten oder verhandeln. Das ist eine Grundannahme, die nicht immer zutreffen muss. Manchmal ist ein Kraftakt wichtig – um den Preis, dass danach die Beziehung erst einmal beschädigt oder gar beendet ist. Wenn wir jedoch in der Beziehung Sicherheit und Stabilität vermitteln und auf einen wertvollen individuellen Beitrag zu einer gemeinsamen Kooperation setzen möchten, dann geht es darum, gemeinsam stark zu sein und Schwächeerleben zu bewältigen. Althoff (2016) empfiehlt, das eigene Machterleben und die Macht, die wir anderen zugestehen, zu reflektieren. Dazu zählt sie die sich entwickelnde Überzeugung, auf die eigene Umwelt Einfluss nehmen und andere beeinflussen zu können. Als nötige Kompetenzen sieht sie die Fähigkeit, sich in andere einzufühlen und mit den eigenen Gefühlen umzugehen, das Vermögen, eigene Gedanken einzuordnen, die Gabe, fürsorgliche Beziehungen einzugehen, Verhandlungsbereitschaft, die Befähigung, sich bei Bedarf abzugrenzen, sowie die Gelassenheit, Ohnmacht und Angst zu ertragen.

Wer seine Ergebnisse in Konflikten und Verhandlungen verbessern will, ist also paradoxerweise schneller auf dem Weg, wenn er sich mit dem eigenen Ohnmachtserleben auseinandersetzt. Wissen wir, wann wir uns ohnmächtig fühlen, können wir respektvoll mit ähnlichen Zeichen bei einem Gegenüber umgehen, auch in Situationen, in denen wir diese Erkenntnis einseitig für uns nutzen könnten. Althoff (2016) lädt zur Selbsterkundung ein:

- Gehen wir davon aus, dass Situationen sich – ggf. gemeinsam – verändern lassen?
- Haben wir die Fähigkeit, nicht zu flüchten, sondern offen zu bleiben und wahrzunehmen?
- Reflektieren wir Medien und Informationsquellen?
- Pflegen wir eine gewisse Diskussionsfreudigkeit?
- Reflektieren wir, ob bzw. dass unser Verhalten etwas verändern kann?
- Kultivieren wir unsere Fähigkeit zur Solidarisierung?
- Sind wir motiviert, uns für uns selbst und für andere zu engagieren?
- Entwickeln wir neue Perspektiven und Möglichkeiten?

- Mögen wir unsere Fähigkeit, mit anderen zu handeln, zu kooperieren und zu träumen?
- Sind wir bereit, Menschen mit Empathie und Fürsorge zu begegnen?

Wer das so für sich erkunden und erschließen will, ist eingeladen, eine starke Selbststeuerungsposition einzunehmen und auf einen guten Stand zu achten. Man kann authentisch und erkennbar für ein Gegenüber werden, sich als Individuum zeigen, innere Widersprüche integrieren, Anliegen äußern, sich aber auch abgrenzen von unfairem Machtgehabe. Wer das für sich realisiert, wird auch das Gegenüber in seiner Art respektieren können und keine Vorurteile aufbauen, sondern ihm präsent zuhören – interessiert an einer Begegnung, die für beide in dem gegebenen Setting lohnend sein kann. Möglicherweise fällt das Ergebnis der Verhandlung oder des Konflikts dann etwas anders aus als gedacht und ist dennoch ein Beitrag, der stimmig und nachhaltig ist.

Fazit

Konflikte und Verhandlungen gehören zum Job. Wir scheuen sie gelegentlich aus diffuser Angst davor, über den Tisch gezogen zu werden oder uns nicht durchsetzen zu können. Stellen Sie sich diesen Situationen, und überlassen Sie die Spielregeln nicht Ihrem Gegenüber. Was Sie in Konflikten oder Verhandlungen erzielen wollen, bestimmen Sie selbst. In Konflikt- wie in Verhandlungssituationen geht es im Grunde um einen Interessenausgleich, der von Respekt und gesundem Menschenverstand lebt. Sie haben beides zu bieten. Setzen Sie Ihre Empathie ein, um den anderen als Menschen zu würdigen, seien Sie aber in der Sache hart. Letzteres gelingt z. B., wenn Sie Ihre Kernbotschaften zielgruppengerecht parat haben – nicht als Parolen, sondern als vitale Botschaften. Eine mögliche Belohnung wäre, wenn beide Partner am Ende Seiten an sich kennengelernt haben, die die Arbeitsbeziehung sogar noch vertiefen.

Literatur

Althoff ML (2016) Macht und Ohnmacht mentalisieren: Konstruktive und destruktive Machtausübung in der Psychotherapie. Springer, Berlin/Heidelberg

Fisher R, Ury WL, Patton B (2009) Das Harvard-Konzept. Der Klassiker der Verhandlungstechnik. Campus, Frankfurt/M

Schwarz G (2012) Konfliktmanagement. Konflikte erkennen, analysieren, lösen. Springer Gabler, Wiesbaden

Sunzi (2009) Die Kunst des Krieges. Insel, Berlin

Thomas KW (2002) Introduction to conflict management: Improving performance using the TKI. CPP/Consulting Psychologists Press, Palo Alto

Und wenn alles doch ganz anders ist?

Monika Radecki

8.1 Was wäre, wenn wir manche Grenze akzeptierten, wie sie ist? – 92

8.2 Was wäre, wenn Selbstmarketing in manchen Strukturen verschwendete Energie wäre? – 92

8.3 Und wenn es noch um etwas ganz anderes geht, für das man gerade kein Konzept findet? – 93

© Springer-Verlag GmbH Germany 2017
M. Radecki, *Sprechen Sie für sich*, https://doi.org/10.1007/978-3-662-54639-0_8

Was Sie in diesem Kapitel erwartet

Selbstmarketing kann einen grandiosen Schein entwickeln, wenn wir z. B. meinen, wir müssten nur den Trick herausfinden, dann kämen wir schon weiter. Wir leben aber nicht in einer Welt, in der wir auf eine Taste drücken können, und „es" verändert sich. Manchmal scheinen unsere Bedürfnisse, unsere Anliegen, unsere Vorschläge nicht in die Situation zu passen, in der wir gerade arbeiten. Dann lautet der Rat nicht: „Raus da. Beine in die Hand nehmen und rennen." Sondern ganz anders: Lehnen Sie sich zurück, und nehmen Sie es so, wie es ist. Schauen Sie zu einem späteren Zeitpunkt, was Sie dazu beitragen können, dass Sie dahin segeln, wo es Sie hinzieht.

8.1 Was wäre, wenn wir manche Grenze akzeptierten, wie sie ist?

Ein Beispiel aus der Praxis

Eine hoch qualifizierte Führungskraft schreibt: „Manchmal kommt es mir so vor, als ob ich nicht die gleiche Sprache spreche wie die Leute, die Karriere machen oder dafür vorgesehen werden. Offenbar gelingt es mir zu wenig, mich klar und gut zu positionieren und für meine eigenen Interessen einzutreten. Es sieht irgendwie so aus, dass in unserem Unternehmen die Fördermöglichkeiten für echte Experten begrenzt sind, bzw. es fehlt der Ansatz, wirklich auf das zu schauen, was Leute eigentlich motiviert, also auf welche Weise gute Fachleute motiviert und gefördert werden könnten (z. B. durch Bewilligung von Weiterbildungsmaßnahmen, Teilnahme an Fachkongressen)."

Wenn wir eine Zeit lang immer an dieselbe Grenze stoßen, könnte es dann sinnvoll sein, uns auf Lebensbereiche oder Kontakte zu besinnen, die uns prächtig gelingen, denen wir diese Bedeutung aber noch nicht gegeben haben? Könnten wir plötzlich Überraschungen erleben, die so großartig sind, dass es sich lohnt, gerade ihnen Priorität zu geben? Wie wäre es, wenn wir uns mal nicht an Grenzen abarbeiten, sondern für eine Weile den Fokus ändern?

8.2 Was wäre, wenn Selbstmarketing in manchen Strukturen verschwendete Energie wäre?

Ein Beispiel aus der Praxis

Eine Führungskraft erlebte in ihrem Bemühen um Entwicklung in einem Konzern, dass nicht ihre Kompetenzen ausschlaggebend waren. Ihre Erfahrung, die sie in Peergroups teilte, war, dass Karriere davon abhing, wie nah oder ähnlich man der übergeordneten Führungskraft war. Ihr Chef, so berichtete sie, fördere vor allem Leute, die ihm gegenüber loyal seien und alles machten, was man ihnen auftrage. Querdenker seien unerwünscht. Oder jemand habe einfach einen guten persönlichen Draht zu ihm und gehöre zum Kreis der Vertrauten, in dem eigene Ideen gehört und verstanden würden. Außerdem habe sie die Beobachtung gemacht, dass sich eine Führungskultur auch dadurch fortsetze, dass ältere Führungskräfte Leute auf Führungsposten beförderten, die ihnen ähnlich seien. Frischer Wind komme dann erst durch Umstrukturierungen herein. Je nachdem, wie die Führungskultur ausgeprägt sei, setzten sich bestimmte Typen durch, und andere, die nicht so tickten, hätten weniger Chancen.

Könnte es sein, dass es dann zu erforschen gilt, wo die Schaffensfreude und die Lebenslust liegen, und dann entsprechende Schritte zu gehen? Etwa ein Studium neben dem Job anzufangen oder was immer einem einfällt? Könnte es sein, dass der nächste Schritt kein strukturiertes Vorgehen und Selbsterforschen sein muss, sondern dass es um Abwarten, um ein Sichbescheiden, ein Ein- und Ausatmen geht, etwas, das ohne Wollen und Ziel entsteht, vielleicht sogar von selbst? Könnte es sein, dass eigene Kompetenzen ausprobiert werden wollen? Kompetenzen, die immer schon da waren, die aber noch keine Anwendung oder kein passendes Gegenüber gefunden haben? Könnten dann Worte von selbst kommen, die einen Schaffensraum eröffnen und irgendwie anders heißen, jedenfalls nicht Selbstmarketing?

8.3 Und wenn es noch um etwas ganz anderes geht, für das man gerade kein Konzept findet?

Ein Beispiel aus der Praxis
Eine erfahrene Führungskraft widmete sich dem Thema Selbstmarketing, um herauszufinden, ob sie noch einen Karriereschritt machen wollte. Sie hatte in ihrem interessanten, aber übervollen Arbeitsleben den Eindruck, einige ihrer vielfältigen Kompetenzen noch nicht recht einsetzen zu können. Ihre Ziele erreichte sie locker, beim Thema Führung war sie reflektiert – dennoch fragte sie sich, ob sie mit einigen ihrer Anteile noch nicht sichtbar genug war und deshalb hier auch keine Wirkung entfalten konnte – Anteile, die eher unkonventionell und kreativ waren. Sie kam durch einen Zeitungsbericht auf die Idee, ein Pferderennen in der Nähe zu besuchen, um einfach mal zu schauen, wie dort Selbstmarketing betrieben wurde. Sie besuchte also mehrere Rennen, informierte sich, schaute sich Pferde und Jockeys an, ließ sich von der Stimmung anstecken und … wettete auf Sieg. Bei jeder Wette war sie zutiefst überzeugt, auf das beste Pferd, den besten Jockey gesetzt zu haben. Sie war auch jedes Mal sehr treffsicher: Ohne Ausnahme kam ihr Pferd als *letztes* oder *vorletztes* ins Ziel. Diese Punktlandung stand in großem Gegensatz zu dem, was sie erwartet hatte, und brachte sie ins Grübeln: Offensichtlich hatte sie auf *besondere* Signale

von Ross und Reiter gesetzt. Bloß auf welche? Und was hieß das für ihre Bewertung – auch hinsichtlich ihrer weiteren Ausrichtung in eigener Sache?

Sind wir versucht, solche Beispiele als Niederlagen zu bewerten? Oder werden wir aufmerksam und gehen der Spur nach, dass hier jemand die ausgeprägte Kompetenz hat, Besonderheiten zu erkennen? Besonderheiten, die in der kontextuellen Bewertung keinen hohen Status erzielen, aber getragen sind von Anmut und Ausstrahlung, die Kontaktfähigkeit zum Ausdruck bringen, die etwas auslösen können, auf die man überzeugt setzt, bei denen man mitfiebert und sich für das weitere Wohlergehen interessiert?

Fazit
Also wäre nun, da wir beim Thema Selbstmarketing allmählich ans Ende des Buches gelangen, das Konzept Selbstmarketing eine Einladung zu einer Entwicklung, so etwas wie ein Startschuss, einem Bedürfnis nachzugehen, ins Handeln zu kommen, mit Freude an sich selbst, mit dem sehr achtenswerten Anspruch, auch mit nicht klassisch Erfolg versprechenden Gaben gesehen, gefördert und eingebunden zu werden?

Ihr Nutzen, zusammengefasst

Monika Radecki

© Springer-Verlag GmbH Germany 2017
M. Radecki, *Sprechen Sie für sich*, https://doi.org/10.1007/978-3-662-54639-0_9

Was Sie in diesem Kapitel erwartet

In acht Kapiteln haben Sie erfahren, wie Selbstmarketing zu Ihrer Markenbildung beitragen kann. Möglicherweise haben Sie zwei Antworten gefunden und sind auf drei neue Fragen gestoßen? Sie konnten dieses Buch nicht nur lesen, Sie konnten es auch nutzen: als Schlüssel zur Selbstfürsorge, zur Stärkung der Teamkultur, als Startschuss für Ihre Imagebildung. Hier finden Sie noch einmal einige Aspekte zusammengefasst.

▪ Selbstfürsorge

Herausforderungen und Leistung im Job können Spaß machen. Und Selbstmarketing kann das noch verstärken: Werden Sie mit Ihrem Profil, Ihrer Leistung und Ihrer Person sichtbarer. Machen Sie sich aber gleichzeitig unabhängiger von der Anerkennung anderer und von Leistungsanreizen. Nutzen Sie die Methode des Selbstmarketings als Selbstfürsorge-Tool, indem Sie Wege finden, sich selbst zu loben und wertzuschätzen. Selbstmarketing kann auch Selbstschutz bedeuten, indem Sie nicht „alles" geben, nicht „Ihre Seele verkaufen", sondern Ihre Arbeit als definiertes, erkennbares, exzellentes Produkt ins Spiel bringen: nicht mehr, aber auch nicht weniger. Bringen Sie Leistung, aber steuern Sie Ihren Einsatz achtsam und aktiv.

▪ Gemeinsamkeit

Für Ihr Team oder Ihre Abteilung ist Selbstmarketing eine tolle Ressource. Sie können mit dieser Methode z. B. das Einzelkämpfersyndrom überwinden und Freude daran entwickeln, ein gemeinsames Ziel zu erreichen. Konflikte und Probleme im Team entstehen u. a. dadurch, dass Einzelne nicht abgeben, nicht Nein sagen können oder nicht ausreichend Verantwortung für ihren Part übernehmen. Das kann auf Dauer auslaugen – den Einzelnen ebenso wie das Team. Finden Sie ein gemeinsames Ziel (z. B. ein Leitbild für das Miteinander), und steigern Sie so die Effizienz und die Identifikation im Team. Finden Sie gemeinsame Worte, z. B. für das, was Sie für Ihre Kunden oder in der Zusammenarbeit mit anderen Abteilungen erreichen wollen und können.

▪ Markenbildung

Der Erfolg Ihrer Funktion wird nicht thematisiert, wenn das Budget erreicht ist, wenn der Laden läuft, wenn ein Team wieder funktioniert? Sorgen Sie dafür, dass Ihre Arbeit zum Thema wird. Sprechen Sie über Ihre Leistung, Ihre Exzellenz, Ihren Beitrag zum Erfolg, nehmen Sie Ihren Platz im Geschehen sichtbar ein. Machen Sie sich und Ihre Abteilung zur unverkennbaren Marke – zu einem „need to have".

Kapitel 9 · Ihr Nutzen, zusammengefasst

> **Einladung zum Nachdenken und Ausprobieren**
> Die folgende Übung stand am Beginn des Buches – am Ende steht sie noch einmal. Praktizieren Sie sie, und prüfen Sie: Ist irgendetwas jetzt anders? Sagen Sie in ein oder zwei Sätzen, wofür Sie stehen. Stellen Sie sich hin, und sprechen Sie in den Raum, indem Sie die folgenden Satzanfänge vervollständigen:
> - „Ich stehe bei meiner Arbeit für …"
> - „Bei meiner Arbeit begeistert mich …"
> - „Führung ist für mich …"

Fazit

Ziel von Selbstmarketing kann nicht sein, sich zu verstellen und zu verkaufen. Das würden Sie nicht lange durchhalten. Selbstmarketing wird gelingen – und zwar nachhaltig –, wenn Sie sich Ihres privaten und beruflichen Umfelds, Ihrer Fähigkeiten, Ihres Wissens, Ihres Einsatzes, kurz: Ihrer Persönlichkeit, Ihres Profils, Ihrer Marke bewusst sind. Sprechen Sie für sich, und zeigen Sie sich anderen: zu Ihrem Vorteil, zum Gelingen des Miteinanders, zum Vorteil des Unternehmens.

Ihr Bonus als Käufer dieses Buches

Als Käufer dieses Buches können Sie kostenlos das eBook zum Buch nutzen.
Sie können es dauerhaft in Ihrem persönlichen, digitalen Bücherregal
auf **springer.com** speichern oder auf Ihren PC/Tablet/eReader downloaden.

Gehen Sie bitte wie folgt vor:
1. Gehen Sie zu **springer.com/shop** und suchen Sie das vorliegende Buch
   (am schnellsten über die Eingabe der eISBN).
2. Legen Sie es in den Warenkorb und klicken Sie dann auf:
   zum Einkaufswagen/zur Kasse.
3. Geben Sie den untenstehenden Coupon ein. In der Bestellübersicht wird
   damit das eBook mit 0 Euro ausgewiesen, ist also kostenlos für Sie.
4. Gehen Sie weiter **zur Kasse** und schließen den Vorgang ab.
5. Sie können das eBook nun downloaden und auf einem Gerät Ihrer Wahl lesen.
   Das eBook bleibt dauerhaft in Ihrem digitalen Bücherregal gespeichert.

EBOOK INSIDE

978-3-662-54639-0
yxWSFZsFGT36Wa2

eISBN
Ihr persönlicher Coupon

Sollte der Coupon fehlen oder nicht funktionieren, senden Sie uns bitte
eine E-Mail mit dem Betreff: **eBook inside** an **customerservice@springer.com**.